FINANZIELLE INTELLIGENZ

Mit den Strategien der Super-Erfolgreichen zur finanziellen Freiheit! Wie Sie Ihr Geld intelligent investieren, passives Einkommen erzielen und Ihr Vermögen gekonnt vermehren

Herzlichen Dank für den Kauf des Buches und gemütliche Stunden wie auch Spaß beim Lesen.

Weiterhin möchte ich Sie bitten, eine ehrliche und aufrichtige Meinung abzugeben. Das hilft ungemein weiter und lässt mich nachfolgende Projekte besser gestalten, wenn dem nötig sei.

Bücher sind nach wie vor ein Mehrwert und durch nichts in unserer heutigen Gesellschaft zu ersetzen.

Zu verdanken haben wir diesen Fortschritt und das gedruckte Buch an sich Johannes Guttenberg, der im Jahr 1452 damit begann, ein Buch zu drucken und gesagte Worte und Ideen auf Papier brachte. Aber bereits in der Antike reiften die ersten Bücher von Hand geschrieben. Seit dem 3. Jahrtausend v. Chr., im antiken Ägypten, wurde Papyrus (Zypressengras) als Beschreibstoff hergestellt. Es entstand die Geschichte der Menschheit in verewigter Form.

Ich freue mich, Ihnen das Thema Finanzielle Intelligenz auf meine Art und Weise vorzustellen, und sage ein recht herzliches Dankeschön für Ihr entgegengebrachtes Interesse und Vertrauen.

Originale Zweitauflage 2020

ISBN: 9798695402704

William Lakefield

Über den Autor

William Lakefield, geboren im Jahr 1964 als Sohn einer deutschen Mutter und eines US-amerikanischen Vaters, hat sowohl zu Amerika als auch zu Deutschland einen engen Bezug. Er durfte beide Länder in seiner Kindheit und Jugend intensiv kennen- und lieben lernen. Früh prägte ihn schon der Wohlstand seiner Familie. Sein Vater, der Besitzer einer großen Fabrik, war ebenso erfolgreich wie seine Mutter in ihrer Anwaltskanzlei. Neben Wohlstand lernte er aber auch von Anfang an, dass Erfolg nicht von allein kommt, sondern durch eigenes Streben und Tun erreicht werden kann und muss.

Schon früh hat er sich daher vorgenommen, in die Fußstapfen seiner erfolgreichen Eltern zu treten und aus seinem Leben etwas zu machen. Seinen Laufweg setzte er daher nach der Schule mit dem Studium Wirtschaftsingenieurwesen an einer der renommiertesten Universitäten in Amerika fort. Durch das Studium im Bereich Ökonomie erlangte er nicht nur ein intensives Verständnis für die Wirtschaft und die Zusammenhänge, sondern auch den intensiven Umgang mit Zahlen.

Im Anschluss an sein Studium hatte er das große Glück, direkt eine Stelle an der Börse zu erhalten. Durch seine Begeisterung für Aktien und Aktienkurse erlangte er sehr viel Fachwissen, welches ihm später von großem Nutzen sein sollte. So legte er von Beginn der Tätigkeit an Teile seines Einkommens in Aktien an, im Vergleich zu heute Peanuts. Mit den Jahren war er so erfolgreich, dass er sich ganz auf seine Aktienanlagen konzentrierte. Mit dieser beruflichen Grundlage und seiner inzwischen jahrelangen Erfahrung ist es ihm selbst in den schwierigsten Situationen bisher immer gelungen, clever und legal zu profitieren. Auch der Börsencrash im Jahr 1987 und die Lehmann-Krise 2008 konnte er problemlos für seinen Erfolg nutzen.

Ehemals an der Wall Street zu Hause, ist er heute stolzer Eigentümer zahlreicher Immobilien in Europa und Amerika und zugleich erfolgreicher Investor. Dabei handelt er mit Beträgen im 7-stelligen Bereich. Darüber hinaus unterstützt er mit seinen Einnahmen auch immer wieder Wohltätigkeitsorganisationen mit bereits 7-stelligen Beträgen.

Inzwischen liegt sein Vermögen im zweistelligen Millionenbereich. Sein Hauptziel am Traden liegt daher längst nicht mehr in der Vermehrung seines Vermögens. Er möchte nun anderen Menschen helfen, ebenso erfolgreich zu sein und ihnen seine Erfahrung und sein Vermächtnis weitergeben.

Als jahrzehntelanger Experte im Bereich Aktien, ETF, Forex, Trading und Immobilien schrieb er jetzt zahlreiche Bestseller, um Menschen zu helfen, ebenso den Weg zur finanziellen Freiheit und einem glücklicheren Leben in Wohlstand zu ermöglichen.

Mit seinen heute 54 Jahren ist er jedoch immer noch offen für Neues. So passt er sich an die heutige Zeit an und sieht auch Onlinemarketing als einer der vielversprechendsten und profitabelsten Gebiete an, die er seit einigen Jahren erfolgreich umsetzt.

Weitere Informationen über "William Lakefield" finden Sie auf seiner Autorenseite bei Amazon.

https://www.amazon.de/William-Lakefield/e/B07W78HTYZ?ref_=dbs_p_pbk_r00_abau_000000

INHALT

Das erwartet Sie in diesem Buch

Man verdient zu wenig, kann sich kaum etwas leisten, hat bei irgendwem irgendwelche Schulden und ist mit seiner aktuellen finanziellen Situation total unzufrieden. Wer kennt das schon nicht? Ständig gibt es irgendwelche Geldprobleme und man kann nie so richtig abschalten, sein Leben unbeschwert genießen und sich alles gönnen, was man sich nur wünscht. Denn im Hinterkopf ist immer das Geld. Die Finanzen schränken einen ein und man hat nie das Gefühl, so richtig frei zu sein.

Um wirklich frei sein und sein Leben genießen zu können, müssen nämlich die Finanzen stimmen. Natürlich kommt wahres Glück von innen und sollte niemals von irgendjemandem oder irgendetwas abhängig gemacht werden. Wer sich jedoch nie einen Urlaub leisten kann, sich bestimmte Wünsche, die nun einmal eine finanzielle Beihilfe erfordern, nicht erfüllen kann oder sogar Angst haben muss, seine nächste Miete nicht mehr zahlen zu können, dem wird es nicht so einfach fallen, trotz all dieser Punkte glücklich zu sein.

Wenn dann auch noch Existenzängste dazukommen, kann man Menschen, die einem sagen, man solle sein Glück nicht von dem Kontostand abhängig machen, bestimmt nicht ernst nehmen. Denn natürlich ist Geld nicht der Hauptfaktor, der uns zu wahrem Glück verhilft. An dem Spruch, „Geld macht nicht glücklich", ist auf alle Fälle etwas Wahres dran. Doch auch, wenn Geld an sich nicht glücklich macht, spielt es dennoch eine äußerst wichtige Rolle, wenn es darum geht, das Leben zu leben, das man sich wünscht, sich seine größten Träume zu erfüllen und glücklich zu werden.

Geld macht zwar nicht glücklich, kann einem aber auf jeden Fall dabei helfen, glücklich zu werden, und es ist in der Welt, in der wir leben, eine wichtige Grundlage, und zwar nicht nur, um glücklich zu werden, sondern um überhaupt zu überleben. Wer überhaupt kein Geld hat, der ist geliefert.

Deswegen ist der richtige Umgang mit seinem Geld ja auch so unfassbar wichtig. Vielleicht sind Sie ja noch sehr weit davon entfernt, pleite zu sein, und haben sich dieses Buch gekauft, um einfach nur Ihre Finanzen ein wenig zu steigern. Ob Sie nun pleite sind oder ganz ohne Existenzängste einfach mehr Geld besitzen möchten – so oder so wird dieser Ratgeber Ihnen bei Ihrer finanziellen Situation helfen.

Mit finanzieller Intelligenz sollte sich jeder Mensch auseinandersetzen. Denn während Schulden und der starke Verlust von Geld sehr schnell eintreten können, fällt es den meisten Menschen schwer, ihre Finanzen zu steigern. Es ist nun einmal einfacher, Geld zu verlieren, als Geld zu gewinnen.

Da Ihnen der richtige Umgang mit Geld dabei helfen kann, zu lernen, wie Sie Geld dazugewinnen können, anstatt es ständig zu verlieren und in eine Schuldenfalle zu geraten, sollten Sie sich auf jeden Fall mit dem Thema „finanzielle Intelligenz“ auseinandersetzen. Der Kauf dieses Buches war der erste wichtige Schritt. Sie werden lernen, was genau finanzielle Intelligenz überhaupt ist, woraus sie sich zusammensetzt, welche großen Vorteile sie für Ihr Leben mit sich bringt und welche Punkte Sie beachten müssen, wenn Sie lernen wollen, richtig mit Ihrem Geld umzugehen.

Außerdem erfahren Sie, wie Sie es schaffen können, Ihre Schulden abzubauen, ein Vermögen aufzubauen, sich finanziell frei zu machen und durch die richtige Arbeit an sich selbst unabhängig und glücklich zu werden. Wir wünschen Ihnen viel Freude beim Lesen und viel Erfolg beim Umsetzen der von uns vorgestellten Übungen!

Finanzielle Intelligenz: Was ist das überhaupt?

Bevor Sie damit beginnen können, an Ihrer finanziellen Intelligenz zu arbeiten, um diese langsam, aber sicher zu steigern, ist es erst mal wichtig, zu verstehen, was finanzielle Intelligenz überhaupt ist. Was bedeutet es denn, finanziell intelligent zu sein? Wieso ist diese besondere Art von Intelligenz so wichtig und welche Vorteile bringt sie mit sich?

Diese Fragen sind auf jeden Fall berechtigt und sehr wichtig. In den folgenden Kapiteln werden wir sie Ihnen beantworten. Denn schließlich sollten Sie ja wissen, worauf Sie da eigentlich hinarbeiten und ein konkretes Motiv haben, das überhaupt zu tun. Wer nämlich kein Motiv hat, der verliert schnell auch seine Motivation. Wer hingegen weiß, wofür er da eigentlich kämpft, der wird klare Ziele vor Augen haben und voller Motivation darauf hinarbeiten, diese Ziele zu erreichen.

Ein weiterer Grund, sich zunächst mal mit der Bedeutung der finanziellen Intelligenz zu beschäftigen, bevor man damit beginnt, sie steigern zu wollen, ist der Aspekt der Selbsteinschätzung. Wenn Sie ganz genau wissen, was es mit der finanziellen Intelligenz auf sich hat, werden Sie auch leichter einschätzen können, an welchem Punkt Sie sich aktuell eigentlich befinden. Das wird Ihnen wiederum dabei helfen, herauszufinden, in welchen finanziellen Bereichen Sie sich schon ganz gut schlagen und wo es doch noch Verbesserungsbedarf gibt. So werden Sie ganz genau wissen, an welchem Punkt Sie ansetzen müssen, um Ihre aktuelle finanzielle Situation zu verbessern.

WAS BEDEUTET ES, FINANZIELL INTELLIGENT ZU SEIN?

Schule spielt in unserer Gesellschaft eine äußerst wichtige Rolle. Es wird viel Wert darauf gelegt, auf welche Schule man gegangen ist, welchen Abschluss man gemacht hat und welche Noten man geschrieben hat. Je toller die Schule, der Abschluss und die Noten, desto besser. Desto höher stehen die Chancen auf einen bestimmten Job, desto mehr Anerkennung erhält man in der Gesellschaft und desto mehr Geld verdient man später in seinem Beruf.

Doch der Bildungsweg ist noch längst nicht alles, was zählt. Denn nur, weil man einen tollen Abschluss gemacht hat und einem hochangesehenen Job nachgeht, bedeutet das noch lange nicht, dass man es auch schaffen wird, sich ein Vermögen aufzubauen. Denn egal, welche Noten man früher immer mit nach Hause gebracht hat. Es gibt viele wichtige Dinge, die einem niemals in der Schule beigebracht worden sind. Eines dieser Dinge ist der richtige Umgang mit Geld.

Wir haben in der Schule vieles gelernt, aber das nicht. Und so kommt es, dass selbst der intelligenteste Mensch eine bestimmte Art von Intelligenz nicht besitzt, wenn er die Schule verlässt - und zwar die finanzielle Intelligenz. Denn über Geld wird ja bekanntlich nicht gesprochen. Auch nicht in der Schule. Und so kommt es, dass man die Schule verlässt, eine glatte Eins im Zeugnis bei „Mathe" stehen hat und trotzdem in seinem späteren Leben pleite und verschuldet ist und einfach gar keine Ahnung hat, wie man mit seinem letzten, noch verbliebenen Geld überhaupt umgehen soll. Und das alles, weil man zwar intelligent ist, aber keine finanzielle Intelligenz hat.

Aber was genau bedeutet es denn überhaupt, finanziell intelligent zu sein? Finanziell intelligent zu sein, heißt zu wissen, wie man mit Geld, vor allem mit seinem eigenen, umgeht. Es bedeutet zu wissen, wie man es problemlos schafft, sich über Wasser zu halten. Und nicht nur das. Es bedeutet auch zu wissen, wie man die Zahl auf seinem Konto stetig steigern kann und wie man es schafft, sich ein Vermögen aufzubauen.

Finanziell intelligente Menschen haben keine Schulden. Sie sind nämlich diesbezüglich intelligent genug, um nicht in eine Schuldenfalle zu geraten, aus der sie nur schwer wieder rauskommen. Ihr Kontostand leidet nicht unter ihrem Handeln, sondern profitiert sogar davon.

Wer finanziell intelligent ist, der muss sich keine Sorgen um sein Geld machen. Denn während sich die meisten Menschen immerzu Sorgen machen und Angst haben, nicht genug Geld zu verdienen und dabei viel zu viel ausgeben, existiert so eine Angst bei jemandem, der finanziell intelligent ist, nicht. Denn finanziell Intelligente Menschen wissen, dass Sie die Kontrolle und die Macht über ihre Finanzen haben. Sie machen sich keine Sorgen darüber, genug Geld zu verdienen und bloß nicht zu viel auszugeben, weil Sie wissen, dass der Umgang mit ihrem Geld, in ihrer Hand liegt. Wieso sollten sie sich auch fürchten, wenn sie einen genauen Überblick und die volle Kontrolle über ihre finanzielle Situation haben?

Menschen hingegen, die nur eine geringe finanzielle Intelligenz haben, kennen dieses Gefühl der vollen Kontrolle nicht. Sie sehen Geld nicht als etwas, das sie kontrollieren können. Ganz im Gegenteil: Sie fühlen sich sogar von dem Geld kontrolliert. Sie geben dem Geld die Macht, anstatt selber mächtig zu sein. Sie haben Angst, weil sie keinen Überblick haben und ihrer Meinung nach ständig damit rechnen müssen, dass das Geld doch nicht reicht, dass sie pleite werden oder dass sie sich stark verschulden.

Dabei sehen sie nicht, dass es in ihrer eigenen Hand liegt, wie sich ihre finanzielle Situation entwickelt. Sie besitzen dafür einfach nicht genügend finanzielle Intelligenz. Erkennen Sie sich darin wieder? Falls ja, dann muss das natürlich ziemlich belastend für Sie sein. Nicht zu wissen, wie sich Ihre Finanzen entwickeln und sich tagtäglich unsicher zu fühlen und Angst zu haben, ist sicherlich alles andere als schön. An dieser Stelle können wir Sie allerdings beruhigen. Denn finanzielle Intelligenz ist nicht unbedingt etwas, das man in die Wiege gelegt bekommt. Finanzielle Intelligenz lässt sich erlernen, entwickeln und fördern.

Seien Sie also unbesorgt. Nicht alle Menschen, die viel Geld besitzen, hatten einfach nur Glück oder waren auf irgendeine Art und Weise privilegiert. Bei den meisten Menschen stecken harte Arbeit und der richtige Umgang mit Geld hinter ihrem Vermögen. Und wenn auch Ihnen etwas daran liegt, Ihre Finanzen in den Griff zu bekommen und finanzielle Intelligenz zu entwickeln, dann werden Sie das mit viel Übung und Ehrgeiz auch schaffen. Und davon, dass Ihnen tatsächlich etwas daran liegt, gehen wir aus. Schließlich hätten Sie sich sonst ja auch nicht dieses Buch gekauft.

Übung: Wie finanziell intelligent sind Sie bereits? Um an Ihrer finanziellen Intelligenz arbeiten zu können, ist es sehr sinnvoll, erst mal herauszufinden, wie finanziell intelligent Sie aktuell eigentlich sind. Denn wenn Sie das wissen, können Sie besser einschätzen, an welchen Stellen Sie mehr und an welchen weniger arbeiten müssen. Sie werden sicherlich nicht bei 0 anfangen müssen, da Sie in Ihrem Leben ja bereits gute und schlechte Erfahrungen mit Geld gesammelt haben und aus diesen Erfahrungen, die eine oder andere Erkenntnis ziehen konnten.

Während Sie aus manchen Fehlern gelernt haben, wissen Sie in bestimmten Bereichen immer noch nicht, wie Sie sich am besten verhalten und mit Ihren Finanzen umgehen sollten.

Die folgenden Szenarien werden Ihnen dabei helfen, herauszufinden, wie finanziell intelligent Sie bereits sind und an welchen Stellen es noch einen großen Verbesserungsbedarf gibt.

Beantworten Sie nach jedem von uns vorgestellten Szenario die Frage, ob das jeweilige Szenario auf Sie persönlich zutrifft, mit „ja" oder „nein" oder schreiben Sie sich die Antworten auf ein Blatt Papier. Lesen Sie sich anschließend unsere Auswertung durch und finden Sie heraus, wie finanziell intelligent Sie bereits wirklich sind.

1. Sie verdienen Ihrer Meinung nach genug. Sie können all Ihre Fixkosten decken und haben am Ende jedes Monats sogar auch noch ausreichend Geld, um sich etwas kaufen zu können, das Sie schon lange haben wollten, oder um das Geld sinnvoll zurückzulegen. Sie machen sich keine Sorgen um irgendwelche finanziellen Schwierigkeiten.

Trifft diese Aussage auf Sie zu?
JA □ NEIN □

2. Sie gehen mit Ihrem Geld stets sorgsam und sparsam um. Sie wissen, dass es immer sinnvoll ist, Geld zur Seite zu legen, anstatt Monat für Monat sein komplettes Gehalt auszugeben. Sie schmeißen Ihr Geld nicht aus dem Fenster, sondern geben es nur für Dinge aus, die für Sie wirklich sinnvoll sind und bei denen sich eine Investition wirklich lohnt. Impulskäufe vermeiden Sie.

Trifft diese Aussage auf Sie zu?
JA □ NEIN □

3. Auch wenn Sie eigentlich schon genug verdienen, mögen Sie keinen Stillstand auf Ihrem Konto. Sie wollen nicht jeden Monat exakt das gleiche Gehalt bekommen, sondern Ihre Einnahmen nach und nach,

langfristig steigern. Deswegen investieren Sie Ihr Geld sinnvoll. Denn Sie wissen, dass sich das, was sich im ersten Moment nach einem großen finanziellen Verlust anfühlt, sich auf Dauer auf jeden Fall lohnen wird.

Trifft diese Aussage auf Sie zu?
JA □ NEIN □

4. Sie geben Ihr Geld nicht bis auf den letzten Cent aus, sondern haben am Ende von jedem Monat noch etwas übrig. Dabei ist es ganz egal, ob Sie viel oder wenig verdienen. Sie können Ihre Ausgaben gut kalkulieren und geben Ihr Geld stets so aus, dass Ihr Konto niemals leer ist, sondern Sie jeden Monat wenigstens ein wenig Notfallgeld übrig haben, das Sie für schwere finanzielle Situationen sparen können.

Trifft diese Aussage auf Sie zu?
JA □ NEIN □

5. Egal, wie gut Ihre finanzielle Situation momentan auch sein mag. Sie wissen, dass das nicht unbedingt für immer so sein wird. Deswegen treffen Sie gut durchdachte Vorsichtsmaßnahmen und sichern sich finanziell gut ab. So stellen Sie sicher, dass Ihrer Zukunft keine finanziellen Probleme mehr im Weg stehen werden.

Trifft diese Aussage auf Sie zu?
JA □ NEIN □

6. Sie haben stets eine positive Einstellung zu Geld. Negative Glaubenssätze in Bezug auf Geld, existieren bei Ihnen nicht. Sie wissen, dass Sie niemals finanziell erfolgreich sein werden, wenn Sie schlecht über Geld denken. Deswegen haben Sie sich schon vor langer Zeit davon verabschiedet, Geld als etwas „Böses“ oder „Schlechtes“ zu sehen. Sie wissen, dass Geld nicht böse oder schlecht ist, sondern nur das, was Sie

daraus machen. Wenn Sie schlecht darüber denken, werden Sie es niemals schaffen, viel davon zu besitzen. Deswegen denken Sie nur gut über Geld und Ihre Finanzen.

Trifft diese Aussage auf Sie zu?
JA □ NEIN □

7. Finanziell intelligente Menschen haben immer einen Überblick über ihre Finanzen. Genauso geht es Ihnen auch. Wenn Sie jemand in diesem Moment fragen würde, wie viel Geld Sie ganz genau besitzen, würden Sie dieser Person ihre Frage auf jeden Fall beantworten können. Denn wie wollen Sie die Zahl auf Ihrem Konto steigern, wenn Sie gar nicht wissen, wie viel Sie aktuell überhaupt besitzen? Deswegen sind Sie immer auf dem neuesten Stand.

Trifft diese Aussage auf Sie zu?
JA □ NEIN □

8. Sie leben schuldenfrei, da Sie gut mit Ihrem Geld umgehen können und wissen, wie Sie sich Ihre Wünsche erfüllen und Ihre Ziele erreichen können, ohne sich dabei zu verschulden. Denn Schulden bedeuten immer Last. Eine Last, die Sie nicht nur auf Ihrer Seele spüren, sondern auch in Ihrem Geldbeutel. Wer Schulden hat, kann sich nicht so sehr über die Sache freuen, die er sich gekauft hat und die diese Schulden verursacht hat wie jemand, der keine Schulden hat. Außerdem kann nur dann ein Vermögen aufgebaut werden, wenn keine Schulden bestehen. Dessen sind Sie sich vollkommen bewusst und so leben Sie auch.

Trifft diese Aussage auf Sie zu?
JA □ NEIN □

9. Ein weiterer Punkt, der Ihnen durchaus bewusst ist, ist die Tatsache, dass Sie kein Vermögen aufbauen können, wenn sich an Ihren Einnahmen nichts ändert. Deswegen haben Sie auch bereits mehrere Einnahmequellen und sind stets auf der Suche nach neuen Möglichkeiten, um Geld zu verdienen. Denn je mehr Einnahmenquellen Sie sich erschaffen, desto leichter wird es für Sie, sich ein Vermögen aufzubauen.

Trifft diese Aussage auf Sie zu?
JA □ NEIN □

10. Da der Tag nur 24 Stunden hat, ist es ab einem bestimmten Punkt einfach nicht mehr möglich, die Einnahmen so ohne weiteres zu steigern. Schließlich können Sie ja nicht 24 Stunden am Tag, sieben Tage die Woche arbeiten. Und selbst, wenn Sie das tun würden, würden sich Ihre Einnahmen irgendwann nicht mehr steigern lassen. Doch zum Glück wissen Sie, dass es auch noch andere Möglichkeiten gibt, Geld zu verdienen, als Ihre Zeit gegen Geld einzutauschen. Und zwar das passive Einkommen. So ein passives Einkommen haben Sie sich bereits aufgebaut oder sind gerade noch dabei. So schaffen Sie sich eine weitere finanzielle Einnahmequelle, ohne Ihre Zeit gegen Geld tauschen zu müssen.

Trifft diese Aussage auf Sie zu?
JA □ NEIN □

11. Sie sind finanziell unabhängig von anderen Personen. Sie müssen sich nicht auf die finanzielle Unterstützung Ihrer Mitmenschen verlassen, weil Sie selber so finanziell stabil sind, dass dies einfach nicht notwendig ist. Und das ist auch eine wichtige Voraussetzung dafür, sich ein Vermögen aufzubauen. Denn wer finanziell von anderen Menschen abhängig ist, bei dem besteht immer ein Risiko, dass diese finanzielle Quelle plötzlich wegbricht und er mit leeren Händen dasteht. Dessen

sind Sie sich voll und ganz bewusst und lassen sich auf so etwas auch auf keinen Fall ein.

Trifft diese Aussage auf Sie zu?
JA □ NEIN □

12. Sie sind in Ihrem Leben an einem Punkt angekommen, an dem Sie sich Dinge leisten können, ohne auf irgendetwas verzichten zu müssen. Das liegt nicht daran, dass Sie total reich sind, sondern, dass Sie mit Ihrem Geld sehr gut umgehen können. Dadurch, dass Sie Ihr Geld sparen und nicht für unnötige Ausgaben verschwenden, haben Sie immer genug übrig, um es für wirklich sinnvolle Dinge auszugeben, die Ihnen wahre Freude bereiten.

Trifft diese Aussage auf Sie zu?
JA □ NEIN □

13. Viele Menschen empfinden ein unangenehmes Gefühl, wenn sie auch nur an ihre Finanzen denken. Deswegen beschäftigen sie sich auch nicht mit ihnen. Bei Ihnen ist das jedoch ganz anders. Sie setzen sich sehr mit Ihrem Geld auseinander, weil Geld für Sie nichts Unangenehmes ist. Ganz im Gegenteil: Sie beschäftigen sich sogar total gerne mit Ihrem Geld, weil Sie wissen, dass Sie nur so einen finanziellen Aufstieg erzielen können. Wer sich nämlich überhaupt nicht mit seinen Finanzen auseinandersetzt, der bleibt finanziell entweder im Stillstand oder muss sogar mit unangenehmen Überraschungen, wie zum Beispiel Rechnungen oder unerwarteten Schulden, rechnen.

Trifft diese Aussage auf Sie zu?
JA □ NEIN □

14. Um sich einen noch besseren Überblick zu verschaffen, haben Sie mehrere Konten. Diese Konten benötigen Sie für verschiedene Zwecke. Denn wer sein Geld gut aufteilt und auf unterschiedlichen Konten sortiert, der weiß, wie viel er gespart hat, wie viel er diesen Monat noch ausgeben kann und wie viele Rücklagen er gebildet hat. Dieser Überblick ist mit nur einem Konto so gut wie unmöglich.

Trifft diese Aussage auf Sie zu?
JA □ NEIN □

15. Geld ist für Sie auf gar keinen Fall mit Scham verknüpft. Sie schämen sich weder dafür, wie viel Sie verdienen, egal, ob das nun viel oder wenig ist, noch dafür, generell über Geld zu sprechen. Da Geld ein großes Tabuthema in unserer Gesellschaft ist, entwickelt sich diese Scham bei vielen Leuten automatisch und führt ebenfalls dazu, dass diese Leute sich nicht mit ihrem Geld auseinandersetzen wollen. Das hindert sie dabei, finanzielle Intelligenz zu erlangen und finanziell zu wachsen. Ihnen geht es anders. Sie kennen keine Scham, wenn es um das Thema „Geld" geht und reden offen und ehrlich darüber.

Trifft diese Aussage auf Sie zu?
JA □ NEIN □

Die Auswertung Ihrer Antworten:

Wie oft haben Sie die Frage, ob die jeweilige Aussage auf Sie zutrifft, mit „ja" beantwortet?

1-5 Mal: Sie sind noch nicht wirklich finanziell intelligent. Den einen oder anderen Punkt für ein finanziell abgesichertes Leben, setzen Sie bereits um. Nichtsdestotrotz gibt es noch sehr viel Luft nach oben und Verbesserungsbedarf. Denn so richtig wissen Sie noch nicht, wie Sie mit Ihren Finanzen am besten umgehen sollten und wie Sie es schaffen können, sich mit Hilfe der finanziellen Intelligenz, ein Vermögen aufzubauen.

Aus diesem Grund können Sie verständlicherweise nicht sorgenfrei mit dem Thema „Geld" umgehen und wissen nicht so recht, was die Zukunft noch so mit sich bringt. Deswegen lohnt es sich für Sie besonders, sich mit Ihren Finanzen auseinanderzusetzen, um sich ein finanziell stabiles Leben aufzubauen und sich keine Sorgen mehr um Ihr Geld machen zu müssen.

6-10 Mal: Mit einigen Punkten aus dem Bereich „Finanzen" haben Sie sich bereits gut auseinandergesetzt. Sie wissen im Großen und Ganzen, wie man mit Geld umgeht, was man beim Vermögensaufbau beachten sollte und wie wichtig ein Überblick über die eigenen Finanzen wirklich ist. Doch das bedeutet nicht, dass Ihre Reise zum finanziellen Glück hiermit beendet ist. Denn Sie wissen selber, dass noch nicht alles perfekt läuft und dass bestimmte Dinge Sie ziemlich stören, wenn es um Ihr Geld geht.

Einige Punkte können Sie nämlich noch nicht so gut umsetzen, wie Sie es gerne würden, weil Ihnen das nötige Wissen dazu fehlt. Und genau dieses fehlende Wissen, können Sie mit diesem Buch hier nachholen, um Ihre Finanzen noch mehr zu optimieren.

11-15 Mal: Sie sind fast schon ein echter Profi, wenn es um Ihre Finanzen geht. Sie scheuen sich nicht davor, über dieses Thema zu sprechen, haben einen positiven Bezug zu Geld, gehen mit diesem sehr sorgfältig um und planen für Ihre zukünftige, finanzielle Situation, stets mit. Sie sorgen dafür, dass Sie abgesichert sind und sparsam handeln, sich aber dennoch Dinge leisten können, die Sie gerne hätten. Langsam, aber sicher, bauen Sie sich außerdem ein Vermögen auf.

Doch auch ein Profi kann immer wieder etwas Neues lernen. Ob es nun eine neue Methode, eine Übung oder ein bestimmter Trick ist, der den Kontostand noch weiter nach oben bringt, als er es sowieso schon ist. Es gibt immer etwas Neues zu lernen und zu entdecken, egal wie gut man in irgendeinem Bereich auch sein mag.

Deswegen sollten Sie auch als Finanzprofi auf alle Fälle dran bleiben und die von uns vorgestellten Übungen dazu nutzen, Ihre finanzielle Situation noch weiter zu optimieren und an sich selber zu wachsen.

WIESO IST FINANZIELLE INTELLIGENZ SO WICHTIG?

Viele Menschen behaupten, viel Geld zu besitzen, sei für sie nicht wichtig und finanzielle Intelligenz ebenfalls nicht. Doch die Aussage: „Geld ist mir nicht wichtig“, verliert spätestens dann ihre Glaubwürdigkeit, wenn derjenige, der sie getätigt hat, plötzlich pleite ist, verzweifelt und nicht weiß, was er nun machen soll. Würde ihm in so einer Situation jemand Geld schenken, der es sich leisten kann, würde er dazu bestimmt nicht „nein“ sagen. Denn plötzlich ist das Geld dann doch nicht ganz so egal, wie er behauptet hat.

Dass Geld uns sehr wichtig ist und nicht so egal, wie wir immer behaupten, fällt uns spätestens dann auf, wenn wir auf einmal keins mehr haben. Erst dann wird uns die Bedeutung von Geld so richtig bewusst. Doch dann ist es schon zu spät. Denn dieses Bewusstsein sollten wir vor allem dann haben, wenn wir noch Geld besitzen, um zu wissen, wie wir am besten damit umgehen sollten, um es nicht zu verlieren. Haben wir es aber bereits verloren, ist dieses Bewusstsein natürlich auch wichtig, um das verlorene Geld irgendwie wieder zu verdienen. Aber sinnvoller wäre es doch, sich von Anfang an bewusst zu machen, wie wichtig unser Geld ist und sorgsam damit umzugehen, damit man in so eine

Pleitesituation gar nicht erst gerät.

Selbst Menschen, die also sagen: „Ach, ich brauche keine finanzielle Intelligenz. Dieses Thema interessiert mich nicht. Ich möchte schließlich kein Vermögen aufbauen und bin mit dem zufrieden, was ich habe", sollten sich mit diesem Thema trotzdem auseinandersetzen. Jeder Mensch benötigt nämlich finanzielle Intelligenz. Ganz egal, ob es darum geht, ein Vermögen aufzubauen oder sich einfach nur über Wasser zu halten und nicht pleite zu werden. Dieses Thema betrifft einfach jeden.

Für ein glückliches Leben ist das in unserer Gesellschaft nun mal notwendig. Damit wollen wir Ihnen auf keinen Fall vermitteln, dass Geld der Schlüssel zum wahren Glück ist. Denn das stimmt so natürlich nicht. Geld allein macht nicht glücklich. Es ist aber ein sehr wertvolles Mittel zum Zweck und dieser Zweck ist es, glücklich zu sein. Wer finanziell absolut am Ende ist und Angst davor haben muss, zu verhungern, einfach nur, weil derjenige kein Geld hat, der kann nicht glücklich werden.

So ein Mensch lebt in Sorge und Angst um seine Existenz. Er ist nicht frei. Geld hingegen befreit uns von dieser ständigen Angst und Sorge und ermöglicht es nicht nur, uns die Miete und unser Essen leisten zu können, sondern uns auch unsere größten Wünsche erfüllen zu können. Und damit meinen wir nicht nur materielle Dinge. Jemand, dessen größter Traum es ist, eine Weltreise zu machen, wird sich diesen nur erfüllen können, wenn er ausreichend Geld dafür hat.

Geld ist zusammengefasst also ein Mittel zum Zweck. Es ermöglicht uns nicht nur, überhaupt sorgenfrei leben zu können und keine Existenzängste haben zu müssen, sondern kann uns außerdem dabei helfen, uns unsere größten Wünsche zu erfüllen. Deswegen ist es für jeden Menschen auch so wichtig, sich mit finanzieller Intelligenz auseinanderzusetzen.

Übung: Was bedeutet finanzielle Intelligenz für Sie?

Stellen Sie sich diese Frage und überlegen Sie, welchen Stellenwert finanzielle Intelligenz für Sie hat. Fragen Sie sich, was sich in Ihrem Leben alles verbessern könnte, wenn Sie mehr finanzielle Intelligenz erlangen würden. Welche Lebensbereiche würden davon profitieren? Wie würde Ihr Kontostand in einigen Monaten aussehen? Welche Träume und Wünsche könnten Sie sich durch mehr finanzielle Intelligenz erfüllen? Wie genau würden Sie Ihre neuen Erkenntnisse über Ihre Finanzen für sich nutzen?

Schreiben Sie alles auf, was Ihnen zum Thema „Finanzielle Intelligenz" so einfällt. Das Aufgeschriebene muss keine sichtbaren Zusammenhänge haben. Es geht einfach nur darum, Ihre Gedanken festzuhalten, indem Sie diese niederschreiben.

Schauen Sie sich das, was Sie aufgeschrieben haben, anschließen ganz genau an. Fallen Ihnen irgendwelche Zusammenhänge auf? Stellen Sie irgendetwas Bestimmtes fest? Irgendwelche Glaubenssätze zum Thema Geld? Oder irgendein bestimmter Wunsch, den Sie sich durch mehr finanzielle Intelligenz erfüllen wollen und der sich durch das Niederschreiben herauskristallisiert hat?

Und selbst wenn Sie nichts Besonderes feststellen und keinen „Aha-Moment" erleben, sehen Sie das Niedergeschriebene als Inspiration und Motivation dafür, Ihre finanzielle Intelligenz zu steigern, um sich abzusichern, sich von jeglichen, finanziellen Sorgen zu befreien und sich Ihre allergrößten Wünsche zu erfüllen.

Behalten Sie den Zettel und schmeißen Sie ihn nicht weg. Denn nach zahlreichen Übungen und einem erfolgreichen Aufbau Ihrer finanziellen Intelligenz, wird es sicherlich schön sein, zu sehen, was Sie sich da anfangs so aufgeschrieben haben, was davon Sie alles schon erreicht haben und wie sich Ihre Sicht zu diesem Thema verändert hat.

KANN FINANZIELLE INTELLIGENZ ALL UNSERE BEDÜRFNISSE BEFRIEDIGEN?

Sie wissen nun, weshalb finanzielle Intelligenz so wichtig ist, welche Vorteile sie mit sich bringt und weshalb es sich so sehr lohnt, sich mit diesem Thema auseinanderzusetzen. Doch kann finanzielle Intelligenz uns wirklich in jedem Lebensbereich weiterhelfen und all unsere Bedürfnisse befriedigen, die wir für ein glückliches Leben benötigen? Dieser Frage möchten wir in diesem Kapitel gerne auf den Grund gehen.

Doch, wie sehen unsere wichtigsten Bedürfnisse überhaupt aus? Sie haben sicherlich schon einmal etwas von der sogenannten Maslowschen Bedürfnispyramide gehört. Diese Pyramide hat der US-amerikanische Psychologe Abraham Maslow erstellt. Die Pyramide zeigt die fünf wichtigsten Bedürfnisse der Reihe nach auf, vom allerwichtigsten Bedürfnis, bis hin zu einem Bedürfnis, das erst erfüllt werden kann, wenn alle anderen Bedürfnisse ebenfalls erfüllt worden sind.

Wir stellen Ihnen nun die fünf Bedürfnisse eines jeden Menschen vor und erläutern, ob und wenn ja, inwiefern die finanzielle Intelligenz ein bestimmtes Bedürfnis befriedigen kann.

1. Das physiologische Bedürfnis: Unter das physiologische Bedürfnis fällt alles, was ein Mensch zum Überleben braucht, zumindest körperlich. Dazu zählen zum Beispiel ausreichend Essen, Wasser, Wärme und genügend Schlaf. Wenn eines der genannten Dinge, nicht genügend vorhanden ist, wird das erste physiologische Bedürfnis nicht erfüllt und somit können die darauf aufbauenden Bedürfnisse ebenfalls nicht erfüllt werden.

An dieser Stelle kommt die finanzielle Intelligenz ins Spiel. Denn wer nicht genügend Nahrung, Wasser und Wärme hat, der wird höchstwahrscheinlich einfach nicht genügend Geld zur Verfügung haben, um sich all das leisten zu können. Er wird sehr viel und sehr hart arbeiten, wodurch auch sein erholsamer Schlaf nicht vorhanden sein wird. Und selbst wenn die Arbeit ihn nicht davon abhalten wird, genug zu schlafen, wird er vor Sorge um seine Existenz, gar nicht richtig schlafen können.

Finanzielle Stabilität ist also allein schon dafür notwendig, überhaupt erst mal das allerwichtigste Bedürfnis eines jeden Menschen zu befriedigen und nicht nur, um reich zu werden.

2. Das Bedürfnis nach Sicherheit: An zweiter Stelle steht das Sicherheitsbedürfnis. Darunter fällt beispielsweise die Sicherheit, ein Dach über dem Kopf zu haben, sich in seiner Umgebung wohl zu fühlen, im alltäglichen Leben keine Angst vor irgendetwas zu haben und keine Bedrohungen zu verspüren. Außerdem gehört dazu, dass sich der Mensch in der Gesellschaft, in der er lebt, gut aufgehoben fühlt und weiß, dass er beschützt wird. Und jetzt raten Sie mal, welche Art der Sicherheit ebenfalls zum zweitwichtigsten Bedürfnis (laut der Pyramide) zählt. Richtig: Das Bedürfnis nach finanzieller Sicherheit.

Abgesehen also davon, dass finanzielle Intelligenz dazu beiträgt, sich sicher zu fühlen, weil man sich dadurch zum Beispiel eine Wohnung leisten kann, ist die finanzielle Stabilität auch noch ein wichtiger Teil des zweiten Grundbedürfnisses.

Wer also auch seinem Bedürfnis nach Sicherheit gerecht werden will, sollte an seiner finanziellen Intelligenz feilen, um diese Sicherheit zu schaffen.

3. Das soziale Bedürfnis: Wer genug Nahrung, Wärme und Schlaf hat, ein Dach über dem Kopf besitzt und finanziell gut abgesichert ist, kann bereits die zwei wichtigsten Bedürfnisse befriedigen. Doch damit ist es noch längst nicht getan. Denn für ein glückliches Leben müssen weitaus mehr Bedürfnisse befriedigt werden als die bereits genannten.

Ein Mensch braucht soziale Kontakte und deswegen steht dieser Punkt auch an dritter Stelle. Dazu gehören vor allem Freunde,

Partnerschaften und die Familie. Jeder Mensch benötigt andere Menschen um sich herum, die ihm Zuneigung schenken und denen er auch Zuneigung schenken kann. Im Großen und Ganzen kann man auch einfach sagen, dass ein Mensch in seinem Leben sehr viel Liebe benötigt und das Gefühl, irgendwo dazuzugehören.

Dieses Bedürfnis lässt sich natürlich nicht durch finanzielle Intelligenz befriedigen. Denn wenn andere Menschen nur etwas mit Ihnen zu tun haben, weil Sie sich gut mit Geld auskennen, zeugt das nicht von wahrer Liebe und Zuneigung. Mit solchen Menschen sollten Sie daher erst recht nichts zu tun haben. Wahre Liebe und Zuneigung hängt nicht von irgendeiner finanziellen Situation ab.

Wie Sie jedoch wissen, müssen erst die ersten zwei Bedürfnisse befriedigt werden, bevor auch das dritte Bedürfnis befriedigt werden kann. Und bei der Befriedigung der ersten beiden Bedürfnisse, spielt finanzielle Intelligenz eine essenzielle Rolle. So gesehen ist sie also doch auch wichtig, um ihr soziales Bedürfnis befriedigen zu können. Wenn Sie sich nämlich ständig Sorgen um Ihre Existenz und Ihre Sicherheit machen müssen, können Sie sich gar nicht auf zwischenmenschliche Beziehungen einlassen und vernachlässigen diesen Part so lange, bis die ersten beiden Bedürfnisse befriedigt worden sind. Deswegen benötigen Sie die finanzielle Intelligenz also in gewisser Weise auch für das Bedürfnis nach sozialen Kontakten.

4. Das Individualbedürfnis: Das vierte Grundbedürfnis hängt sehr stark mit dem dritten zusammen. Denn beim Individualbedürfnis sehnt man sich nach Liebe, Anerkennung und Lob. Und um all das zu erhalten, benötigt man natürlich soziale Kontakte, die einem diese Liebe und Anerkennung und das Lob schenken.

Doch neben dem Bedürfnis nach den genannten drei Dingen, geht es beim Individualbedürfnis außerdem auch um das Bedürfnis nach Wachstum, Weiterentwicklung und Macht. Der Mensch will als Individuum gesehen werden und etwas erreichen. Und für das, was er letztendlich erreicht, will er Anerkennung bekommen.

Auch hier spielt die finanzielle Intelligenz eine sehr wichtige Rolle. Denn um sich um sein Wachstum und seine eigene Persönlichkeitsentwicklung kümmern zu können, benötigt man Stabilität und Sicherheit im Leben und noch dazu einen klaren Kopf. Man muss sich intensiv mit sich selbst und dem, was man im Leben erreichen möchte, auseinandersetzen und das geht nur, wenn man seinen Fokus voll und ganz auf sich richten kann, anstatt auf die Sorge um seine Finanzen.

Außerdem kann das Geld an sich einem extrem dabei helfen, an sich selber zu wachsen, eine bestimmte Machtposition einzunehmen und den erwünschten Status zu erreichen. Wenn Sie beispielsweise den Status einer Familienmutter/eines Familienvaters mit fünf Kindern, einem großen Haus und zwei Autos erreichen wollen, benötigen Sie dafür Geld. Wenn Sie an Ihrer Persönlichkeitsentwicklung arbeiten wollen, müssen Sie viele Bücher lesen, Seminare und Vorlesungen besuchen und sich vielleicht sogar einen Coach suchen. Und auch dafür benötigen Sie Geld.

Ganz egal, wie Ihre individuelle Vorstellung von Wachstum und dem Status, den Sie erreichen wollen, auch aussehen mag. Kostenlos werden Sie diese Ziele leider nicht erreichen können.

5. Das Bedürfnis nach Selbstverwirklichung: Wie Sie sehen, bauen die Bedürfnisse alle aufeinander auf. Denn auch das Bedürfnis nach Selbstverwirklichung hängt stark mit dem Individualbedürfnis zusammen. Eine Sache, die beide Bedürfnisse gemeinsam haben ist, dass Sie zur Befriedigung des jeweiligen Bedürfnisses, nicht darum herumkommen werden, Geld auszugeben.

Um das Bedürfnis nach Selbstverwirklichung zu befriedigen, werden Ideen umgesetzt, Ziele erstellt, Pläne geschmiedet und Wünsche und Träume erfüllt. Wenn Ihr größtes Ziel der Selbstverwirklichung ist, den Jakobsweg zu laufen, werden Sie dafür natürlich nicht so viel Geld benötigen. Wenn Ihr größtes Ziel hingegen ist, ein eigenes Unternehmen zu gründen, sieht das Ganze schon etwas anders aus.

Und selbst wenn es, wie in diesem Beispiel, bei dem Jakobsweg bleibt, werden Sie auch diesmal gar keinen Kopf für Ihre Selbstverwirklichung haben, wenn Sie voller Sorge um Ihre Finanzen sind. Deswegen spielt finanzielle Intelligenz auch in diesem Sinne mal wieder eine wichtige Rolle. Und wenn Sie für Ihre Ziele an sich sehr viel Geld investieren müssen, ist finanzielle Intelligenz natürlich noch viel wichtiger.

Wie Sie sehen, spielt finanzielle Intelligenz eine viel wichtigere Rolle, als Sie es bisher vielleicht gedacht hätten. Deswegen ist es auch so wichtig, sich intensiv mit diesem Thema auseinanderzusetzen und die eigene finanzielle Intelligenz zu steigern. Denn nur so können Sie es schaffen, all Ihre Grundbedürfnisse zu befriedigen.

Übung: gehen Sie die fünf Grundbedürfnisse nochmal in Ruhe durch und überlegen Sie, welches dieser Bedürfnisse noch nicht erfüllt wird. An welcher Stelle gibt es Hindernisse und wieso? Besteht vielleicht auch bei Ihnen ein Zusammenhang zwischen Ihren Bedürfnissen und Ihren Finanzen? Was können Sie ändern oder optimieren, damit all Ihre Grundbedürfnisse erfüllt werden?

Die vier wichtigsten Säulen finanzieller Intelligenz

Um selber finanzielle Intelligenz lernen zu können, ist es zunächst wichtig, zu verstehen, woraus sich diese überhaupt ergibt. Sie wissen ja bereits, was finanzielle Intelligenz bedeutet. Es bedeutet, sich gut mit seinen Finanzen auszukennen, bedacht mit ihnen umzugehen und keine Scheu vor Geld zu haben. Doch wie geht man am besten daran, finanzielle Intelligenz zu erlernen? Die Erklärung: „Finanziell intelligent zu sein bedeutet, sich gut mit Geld auszukennen", lässt zu wünschen übrig, wie man das denn überhaupt schaffen kann. Diese Definition ist einfach zu schwammig. Um finanzielle Intelligenz zu entwickeln, muss man wissen, welchen Bereichen man sich dafür widmen sollte und woran man genau arbeiten kann.

Und genau darum geht es in den nächsten Kapiteln. Denn finanzielle Intelligenz besteht aus vielen kleinen Teilaspekten, an denen man arbeiten sollte. Doch die wichtigsten Säulen der finanziellen Intelligenz, stellen wir Ihnen nun vor, damit Sie ganz genau wissen, was Sie tun und welchen Lebensbereichen Sie sich widmen müssen, um Ihre persönliche finanzielle Intelligenz zu steigern.

SÄULE 1: DAS EIGENE EINKOMMEN

Die erste Säule der finanziellen Intelligenz ist das eigene Einkommen. Denn wenn bereits das monatliche Einkommen nicht stimmt, wird es sehr schwierig für Sie sein, finanzielle Intelligenz aufzubauen. Daher sollten Sie sich intensiv mit diesem Thema auseinandersetzen.

Wenn die Einnahmen kaum reichen, um die Fixkosten zu decken, ist es vielleicht mal an der Zeit, über einen Jobwechsel nachzudenken.

Wenn Sie in einem Bereich arbeiten, indem ein Jobwechsel nicht viel bringen würde, weil man in diesem Beruf generell sehr wenig verdient, lohnt es sich vielleicht sogar, in einen komplett anderen Bereich zu wechseln oder nochmal zu studieren oder eine Aus- oder Weiterbildung zu machen.

Das hört sich im ersten Moment nach sehr viel Arbeit und hohen Kosten an und nicht nach finanzieller Intelligenz. Wenn Sie jedoch noch 30 Jahre berufstätig sein werden, lohnt es sich auf jeden Fall, diese drei bis vier Jahre Ausbildung oder Studium auf sich zu nehmen, um die restlichen Berufsjahre ein gutes Einkommen zu erzielen.

Doch ein Jobwechsel ist nicht die einzige finanziell intelligente Entscheidung, die Sie treffen können. Sie können Ihr Einkommen auch anderweitig steigern. Indem Sie sich zum Beispiel mehrere Einnahmequellen und am besten sogar ein passives Einkommen aufbauen (dazu später mehr).

Zur Karriereintelligenz gehört nicht nur das Steigern der monatlichen Einnahmen, sondern vor allem auch der bewusste Umgang mit diesen Einnahmen. Jemand, der 3000 Euro verdient, aber nur 2000 Euro im Monat ausgibt und somit 1000 Euro sparen kann, ist so gesehen reicher als jemand, der 5000 Euro im Monat verdient und diese 5000 Euro auch wieder ausgibt.

Der erste Schritt zur finanziellen Intelligenz ist also die Karriereintelligenz und somit das Steigern der eigenen Einnahmen und der richtige Umgang mit diesen.

Übung: Schaffen Sie sich Klarheit, indem Sie sich Gedanken um Ihr Einkommen machen. Wie viel verdienen Sie aktuell? Reicht Ihr Monatslohn aus, um ohne Verzicht überleben zu können? Wie viel Geld haben

Sie am Monatsende immer übrig? Variieren Ihre monatlichen Ausgaben sehr stark, weil Sie keinen Überblick über sie haben oder können Sie jeden Monat fast die gleiche Summe sparen?

Überlegen Sie im nächsten Schritt, wie Sie Ihr Einkommen steigern könnten. Welche Möglichkeiten gäbe es für Sie? Welche Ideen gehen Ihnen spontan durch den Kopf? Vielleicht schwirrt eine bestimmte Idee ja schon seit Ewigkeiten in Ihrem Kopf herum. Jetzt wäre der richtige Zeitpunkt, um sich zu trauen, die Vorstellung in die Tat umzusetzen. Vielleicht haben Sie ja Lust, beruflich etwas Neues auszuprobieren und können Ihre Einnahmen durch einen Nebenjob in diesem Bereich steigern. Oder Sie verkaufen endlich Ihr Buch, das Sie vor Jahren geschrieben haben und das seitdem auf Ihrer Festplatte verstaubt.

Wie könnten sie sich einen besseren Überblick über Ihre Ausgaben verschaffen? Fallen Ihnen irgendwelche Möglichkeiten ein?

Bei dieser Übung geht es nicht darum, die perfekte Lösung zu finden, sondern einfach mal Ideen zu sammeln und die eine oder andere Idee umzusetzen. So beschäftigen Sie sich nämlich endlich mal wieder mit Ihrem Geld und finden nach und nach einen immer größer werdenden Zugang zu diesem Thema.

SÄULE 2: SPAREN, SPAREN, SPAREN!

Die zweite Säule der finanziellen Intelligenz ist die Sparintelligenz. Denn Ihr Einkommen kann noch so hoch sein. Wenn Sie mit Ihrem Einkommen nicht umgehen können und dieses unbedacht für alle möglichen Dinge ausgeben, die Sie vielleicht sogar gar nicht brauchen, werden Ihnen Ihr hohes Einkommen und die harte Arbeit auch nicht viel nützen. Denn wie im vergangenen Kapitel bereits erwähnt. Sie können vielleicht sogar doppelt so viel verdienen wie eine andere Person. Wenn Sie jedoch alles, was Sie in einem Monat verdienen, auch direkt wieder ausgeben, werden Sie am Ende ärmer sein als der Nachbar, der zwar nur halb so viel verdient wie Sie, jedoch sparsam mit seinem Geld umgeht und am

Ende jedes Monats einen guten Betrag zur Seite legen kann.

Finanzielle Intelligenz lässt sich nämlich nicht nur anhand der Höhe des Einkommens bestimmen. Denn um finanziell intelligent zu sein, gehört nun mal noch viel mehr dazu, als einfach nur gut zu verdienen. Und zwar der richtige Umgang mit seinem Geld.

Stellen Sie sich mal vor, eine Ihre Einnahmequelle bricht plötzlich weg oder Sie müssen den Job wechseln. Plötzlich verdienen Sie weniger als zuvor und kommen damit überhaupt nicht klar, weil Sie es gewohnt waren, Ihr Geld aus dem Fenster zu werfen. Nun fühlen Sie sich total überfordert und wissen gar nicht, wie Sie mit so einer Situation umgehen sollen, weil Sie sich nie mit Ihren Finanzen auseinandergesetzt haben.

Jemand, der finanziell intelligent ist, kann mit einem Einbruch seiner Einnahmen gut umgehen und auch mit weniger Geld auskommen, weil er sich regelmäßig mit diesem auseinandersetzt, sparsam lebt, Rücklagen aufgebaut hat und ein Bewusstsein dafür hat, wie viel Geld ihm zur Verfügung steht und wie viel er ausgeben kann.

Deswegen gehört zur finanziellen Intelligenz, sich nicht nur mit seinen Einnahmen auseinanderzusetzen, sondern auch mit seinen Ausgaben. Dadurch werden Sie es schaffen, sehr viel einzusparen und sich nach und nach ein Vermögen aufzubauen. Denn um sich ein Vermögen aufbauen zu können, reicht es leider nicht aus, viel zu verdienen. Wenn das verdiente Geld nämlich nur in einem Moment da ist und im anderen schon wieder gegen teure Klamotten, Autos oder Schmuck eingetauscht wird, werden Sie höchstens ein Vermögen an teuren Klamotten, Autos und Schmuck haben, aber dafür gar kein Geld.

Um ein Vermögen aufzubauen, muss man also fleißig sparen. Deswegen ist die Sparintelligenz auch die zweite Säule der finanziellen

Intelligenz.

Übung: Auch bei dieser Übung geht es nicht darum, den perfekten Sparplan zu entwickeln, um sich ein Vermögen aufbauen zu können. Dazu kommen wir nämlich erst etwas später in diesem Buch. Jetzt geht es mal wieder erst mal nur darum, dass Sie ein Bewusstsein für Ihr Geld entwickeln, in diesem Fall insbesondere für Ihre Ausgaben.

Schritt 1: Schauen Sie sich in Ihrer Wohnung/in Ihrem Haus genau um und betrachten Sie die Gegenstände, die Sie so sehen. Stellen Sie sich bei jedem Gegenstand die Frage: „Macht dieser Gegenstand mich glücklich?" und die Frage: „Verwende ich diesen Gegenstand überhaupt?" Bei Dekoration oder Erinnerungsstücken, reicht es auch aus, wenn Sie die erste Frage mit „ja" beantworten. Aber bei allen anderen Gegenständen sollten im Idealfall beide Fragen mit „ja" beantwortet werden.

Gehen Sie von Zimmer zu Zimmer und machen Sie diese Übung. Führen Sie dabei am besten eine Strichliste, in dem Sie jedes Mal einen Strich auf ein Blatt Papier zeichnen, wenn Sie nicht beide Fragen mit „ja" beantworten können. Wie viele Striche zählen Sie am Ende dieser Übung? So viele Gegenstände, die Sie entweder nicht benutzen oder die Ihnen überhaupt keine Freude bereiten, stehen in Ihrem Zuhause herum. Im schlimmsten Fall sogar beides. Von den ganzen Sachen, die sich im Keller oder in der Abstellkammer befinden, mal ganz zu schweigen. So viel Geld haben Sie für diese unnötigen Dinge ausgegeben. Dabei sollten Sie sich zu Hause doch wohl fühlen und nur von Dingen umgeben sein, die Ihnen etwas bringen und Sie glücklich machen. Wie viel Sie wohl hätten sparen können?

Wenn Sie möchten, können Sie ja auch die Summe dieser Gegenstände zusammenrechnen. Diese Summe könnte sich auf Ihrem Konto befinden, statt sinnlos in Ihrer Wohnung rumzustehen.

Schritt 2: Wie sieht es denn mit nicht-materiellen Dingen aus? Wofür haben Sie im letzten Monat denn so Geld ausgegeben? Waren Sie aus Langeweile im Kino, obwohl Sie der Film gar nicht angesprochen hat?

Haben Sie viel zu viel Geld im teuren Friseursalon gelassen, obwohl der günstigere Haarschnitt Ihnen genauso gut gefallen hätte? Haben Sie sich vielleicht etwas zu oft einen Spa-Tag gegönnt? Und haben Sie lieber auf das teure Eis zurückgegriffen, anstatt die günstigere Variante zu wählen, die Ihnen normalerweise genauso gut schmeckt?

Schätzen Sie doch einfach einmal, wie viel Geld Sie für diese ganzen nicht-materiellen Dinge ausgegeben haben, an welcher Stelle sich das auch total gelohnt hat und an welcher Stelle Sie auch gerne darauf verzichtet hätten. Welche Summe kommt zusammen? Würden Sie von sich selber behaupten, dass Sie bereits sehr sparintelligent sind oder gibt es noch Verbesserungsbedarf?

SÄULE 3: INVESTIEREN UND PROFITIEREN

Die dritte Säule der finanziellen Intelligenz, ist das Investieren, also die Investmentintelligenz. Wer ein hohes monatliches Einkommen hat, auf seine Ausgaben achtet und jeden Monat eine ganze Menge sparen kann, der hat bereits eine wichtige Grundlage gebildet, um sich ein Vermögen aufzubauen. Doch damit hat sich die Sache natürlich noch längst nicht erledigt. Denn es gibt eine Sache, die Ihre Einnahmen langfristig unfassbar heben kann, wenn Sie diese Sache richtig machen, und das ist das Investieren. Mit einem hohen Einkommen und dem Sparen allein, werden Sie niemals solche Ergebnisse erzielen, wie mit dem Investieren des Ersparten.

Hierbei ist natürlich wichtig, sich zum Investieren einen Bereich auszusuchen, mit dem Sie sich gut auskennen. Wenn Ihnen nichts einfällt, dann können Sie damit beginnen, sich mit einem bestimmten Bereich auseinanderzusetzen, viele Bücher dazu zu lesen und sich mit Menschen austauschen, die von diesem Bereich mehr Ahnung haben als Sie. Nach und nach steigern auch Sie somit Ihr Wissen, sodass Sie bald schon dafür bereit sind, selber zu investieren. Denn wenn Sie blind in irgendeine Sache investieren, ohne zu wissen, was Sie da eigentlich tun, kann das Ganze sehr schnell nach hinten losgehen.

Deswegen steht das Investieren auch erst an dritter Stelle. Natürlich kann man theoretisch auch schon damit beginnen, in irgendetwas zu investieren, wenn man kein hohes Einkommen hat und nicht wirklich sparsam mit seinem Geld umgeht. Aber dann ist die Wahrscheinlichkeit auch größer, dass man mit dem Investieren keine Erfolge erzielt, sondern am Ende nur auf einem riesengroßen Schuldenberg sitzen bleibt. Wer sich hingegen intensiv mit seinen Einnahmen, seinen Ausgaben und generell mit dem Thema „Geld" auseinandergesetzt und an seiner finanziellen Intelligenz gearbeitet hat, der ist bereit dafür, den nächsten Schritt zu wagen und zu investieren.

Übung: Auch diesmal geht es wie immer nicht darum, den perfekten Plan zu erstellen, sondern einfach nur ein wenig Brainstorming zu betreiben und ein paar Ideen zu sammeln. Sie müssen sich noch auf nichts festlegen, sondern können einfach mal ein bisschen überlegen, welche Investitionen für Sie infrage kämen. Interessieren Sie sich beispielsweise mehr für Immobilien oder sprechen Sie doch eher Aktien an? Wollen Sie später lieber viele kleine Investmentprojekte am Laufen haben, um das Risiko zu streuen oder doch lieber nur ein paar große, um einen besseren Überblick über Ihre Investitionen zu behalten?

Sie können natürlich nicht nur in fremde Dinge investieren, sondern auch in sich selbst. Das sollten Sie auf jeden Fall auch tun. Denn bei dem ganzen Investieren, kann es schnell mal passieren, dass man sich selbst vernachlässigt und nicht mehr in sich investiert. Vergessen Sie also niemals sich selber.

Hier kommt nämlich das letzte Grundbedürfnis der Maslowschen Bedürfnispyramide ins Spiel: die Selbstverwirklichung. Wer sich selbst verwirklichen will, der muss oft erst mal in sich selbst investieren. Zum Beispiel in Form von Büchern, Kursen, Seminaren oder Coachings. Auch wer ein eigenes Unternehmen gründen möchte, der braucht in den allermeisten Fällen erst mal ein Startkapital und muss zunächst investieren, bevor er erste Früchte ernten kann.

In sich selber zu investieren ist also ebenfalls eine tolle Möglichkeit, um zu seinem Vermögen beizusteuern. Fallen Ihnen persönliche Wünsche und Ziele ein, in die Sie ebenfalls gerne investieren würden? Irgendwelche Projekte, für die sie dank Ihres achtsamen Umgangs mit Geld, nun endlich die finanziellen Möglichkeiten haben, um diese umzusetzen?

Sammeln Sie ganz viele Ideen, ganz egal, wie abwegig und unrealistisch diese im ersten Moment auch klingen mögen. Denn Ideen zu sammeln bedeutet ja nicht, dass Sie diese auch später alle umsetzen müssen, sondern dass Sie Ihrer Kreativität einfach mal freien Lauf lassen können. Und oft ist es doch nicht so schwer, etwas zu erreichen, das einem zu Beginn unmöglich erscheint.

SÄULE 4: ABSICHERN UND DEN ERFOLG GENIEßEN

Während Sie im Hier und Jetzt Ihre finanzielle Intelligenz steigern, sich die verschiedensten Einnahmequellen aufbauen, fleißig sparen und das Gesparte investieren, sollten Sie bei all diesen Tätigkeiten niemals Ihre Zukunft vergessen. Denn schließlich kann ja immer etwas dazwischen kommen oder etwas Schlimmes passieren, das dafür sorgt, dass alles, was Sie sich aufgebaut haben, wie ein Kartenhaus zusammenbricht.

Das mag im ersten Moment ziemlich hart klingen. Nichtsdestotrotz sollten Sie sich mit diesem Thema auseinandersetzen, wenn Sie Ihre Finanzen wirklich unter Kontrolle haben wollen. Denn zur finanziellen Intelligenz gehört nun mal auch die Absicherungsintelligenz.

Die meisten Menschen wollen sich nicht mit dem Worst-Case-Szenario auseinandersetzen, weil sie der Meinung sind, dass dieses

Szenario bestimmt nicht eintreten wird. Natürlich fokussiert man sich viel lieber auf das, was gerade gut läuft und will den Erfolg genießen, ohne sich damit beschäftigen zu müssen, dass dieser Erfolg irgendwann plötzlich wegfallen könnte. Das ist wie bei dem Thema Tod. Niemand will beispielsweise mit seinen Eltern darüber reden, was diese sich nach ihrem Tod wünschen. Lieber möchte man die Zeit zusammen genießen und solche negativen Themen komplett weglassen. Doch wenn dieser Fall dann irgendwann eintritt, steht man mit leeren Händen da und weiß gar nicht, was für eine Beerdigung sich die Eltern gewünscht hätten und ob es noch irgendwelche Dinge zu klären gibt, die die Eltern nicht mehr klären konnten. Und das sind noch die kleinsten, ungeklärten Sorgen.

Es lohnt sich also, auch über mögliche, negative Ereignisse nachzudenken und sich auf das Schlimmste vorzubereiten. Nur weil man sich zum Beispiel damit auseinandersetzt, was man im Fall einer Berufsunfähigkeit tun würde, bedeutet das ja nicht automatisch, dass man davon ausgeht, dass dieser Fall eintreten wird, sondern nur die Möglichkeit in Betracht zieht und darauf vorbereitet sein möchte. Und falls so ein Fall dann tatsächlich eintritt, ist man froh darüber, dass man sich damit bereits auseinandergesetzt hat und nicht mit leeren Händen dasteht.

Wer finanziell intelligent ist und nachts noch ruhig schlafen möchte, der sollte also immer einen Plan B parat haben und somit sich selbst und die eigene Zukunft absichern.

Übung: Natürlich geht es auch bei dieser Übung mal wieder nicht darum, diesen Plan B zu entwickeln. Ein Plan für die Absicherung Ihrer Zukunft ist nämlich nicht mal eben so erstellt und es kann schon mal eine Zeit dauern, bis Sie den perfekten Plan entworfen haben. Deswegen geht es vor allem darum, sich damit auseinanderzusetzen, weshalb ein Plan B so sinnvoll ist und weshalb es sich wirklich lohnt, sich Gedanken darüber zu machen, auch wenn man sich mit so einem negativen Thema eigentlich gar nicht beschäftigen möchte.

Stellen Sie sich also nun Ihr persönliches, finanzielles Worst-Case-Szenario vor. Was müsste passieren, das dafür sorgen würde, dass Sie in Ihrer Zukunft aufgrund von finanziellen Schwierigkeiten, Angst um Ihre Existenz bekommen?

Schreiben Sie diese bedrohlichen Szenarien nieder und überlegen Sie im nächsten Schritt, welche der Möglichkeiten tatsächlich bedrohlich sind und welche nur im ersten Augenblick so scheinen. Viele Worst-Case-Szenarien stellen sich nämlich oft als gar nicht so schlimm heraus, wie Sie gedacht hätten.

So kann eines dieser Szenarien zum Beispiel lauten, dass Sie Ihren Job verlieren, weil die Firma, bei der Sie arbeiten, zum Beispiel bankrottgeht. Wenn Sie diese Möglichkeit jedoch genauer betrachten, werden Sie sehr schnell merken, dass das im ersten Moment zwar sehr schlimm für Sie sein würde, aber dass dieses Problem relativ schnell zu lösen wäre, indem Sie sich einen neuen Job suchen würden. Ihr Plan B wäre in diesem Fall also, sich ausreichend Geld anzusparen, um eine mögliche Arbeitslosigkeit zu überbrücken.

Einige Worst-Case-Szenarien werden hingegen nicht ganz so harmlos sein. Ein Szenario wäre zum Beispiel ein schlimmer Unfall oder eine Erkrankung, durch die Sie komplett berufsunfähig werden könnten. Für ein solches Worst-Case-Szenario würde Ihr Plan B natürlich viel komplizierter lauten und schwieriger umzusetzen sein als bei einem „einfachen" Jobverlust. Außerdem sollten Sie am besten einen Plan erstellen, der bei vielen ähnlichen Worst-Case-Szenarien funktionieren würde und nicht nur bei einem. Denn letztendlich wissen Sie ja nicht, was alles passieren könnte. Und wenn Sie sich eine halbe Ewigkeit auf ein bestimmtes Problem vorbereiten, im Endeffekt aber ein ganz anderes eintritt, dann war alles umsonst.

Was jedoch niemals umsonst ist, ist Rücklagen zu bilden. Denn diese werden in so gut wie jedem Worst-Case-Szenario, sicherlich nicht umsonst sein.

Diese Punkte sind für eine finanzielle Intelligenz ebenfalls essenziell

Die vier wichtigsten Säulen der finanziellen Intelligenz, lassen sich natürlich wiederum in kleinere Bereiche unterteilen. Zu wissen, dass die finanzielle Intelligenz sich aus der Karriereintelligenz, der Sparintelligenz, der Investmentintelligenz und der Absicherungsintelligenz zusammensetzt, wird Ihnen dabei helfen, einen groben Überblick über die wichtigsten Bereiche zu behalten und zu wissen, worauf genau Sie hinarbeiten.

Doch natürlich lassen sich diese vier Säulen noch mal in kleinere Bereiche unterteilen und das ist auch gut so. Denn nur so können Sie ganz präzise an bestimmten Punkten arbeiten, um langsam aber sicher, finanziell immer intelligenter zu werden.

Während die bisher vorgestellten Übungen vor allem dazu dienten, Sie mit dem Thema Finanzen vertraut zu machen und sich diesem durch kleine Gedankenexperimente langsam anzunähern, zielen die folgenden Übungen wirklich darauf ab, Ihre finanzielle Situation nach und nach zu verbessern, um Ihre finanzielle Intelligenz zu steigern und ein Leben voller Zuversicht und ohne Sorge um Ihr Geld, zu kreieren.

EIN ÜBERBLICK ÜBER IHRE FINANZIELLE SITUATION

Wenn Sie jetzt jemand fragen würde, wie Ihr aktueller Kontostand lautet, könnten Sie demjenigen dann direkt eine Zahl nennen? Wenn Sie jetzt jemand fragen würde, wie viel genau Sie diesen Monat verdient haben und woraus sich Ihre Einnahmen ergeben, könnten Sie diese Frage sofort beantworten? Wenn Sie jetzt jemand fragen würde, wie hoch Ihre Ausgaben diesen Monat waren und wofür genau Sie wie viel Geld ausgegeben haben, würden Sie auch darauf eine souveräne Antwort geben können?

Wie Sie ja bereits wissen, sind Ihr Einkommen und die Kenntnis über all Ihre Einnahmen und Ausgaben, die erste und wichtigste Säule der finanziellen Intelligenz. Wer noch nicht mal weiß, was sich jeden Monat so auf seinem Konto abspielt, der kann gar nicht finanziell intelligent handeln, weil ihm selbst das Wissen über die eigenen Finanzen fehlt.

Deswegen sollten Sie im Idealfall alle oben gestellten Fragen mit „ja" beantworten können. Natürlich müssen Sie nicht jede Zahl auswendig kennen und auf den Cent genau sagen können, wie viel Ihr letzter Wocheneinkauf gekostet hat. Jederzeit auf diese Information zurückgreifen, sollten Sie hingegen schon können. Und über den aktuellen Stand der Dinge sollten Sie ebenfalls immer Bescheid wissen.

Deswegen lohnt es sich, Ihre Finanzen schriftlich festzuhalten. Das können Sie zum Beispiel mithilfe einer Excel-Tabelle machen. Wenn Sie darauf keine Lust haben, können Sie sich die ganze Sache auch vereinfachen, indem Sie Ihr Smartphone für das Tracken Ihrer Einnahmen und Ausgaben nutzen. Es gibt inzwischen zahlreiche Apps dafür. Dort können Sie Ihre Einnahmen und Ausgaben ganz einfach eintippen und sogar Kategorien auswählen, sodass Sie am Ende jedes Monats ganz genau wissen, für welche Lebensbereiche Sie mehr Geld ausgeben als für andere. Außerdem rechnen diese Apps mittlerweile meistens ganz automatisch Ihre Gesamteinnahmen und Ausgaben aus, sodass Sie einen tollen Überblick erhalten, ohne viel dafür machen zu müssen.

Vielleicht sind Sie aber auch eher der klassische Typ und

bevorzugen Stift und Papier, statt Bildschirm und Tastatur. In dem Fall können Sie Ihre Ausgaben natürlich auch mithilfe eines Notizblocks tracken. Das ist sogar eine sehr tolle Variante, denn wenn wir etwas von Hand aufschreiben, verinnerlichen wir das Niedergeschriebene noch mehr, als wenn wir es bloß eintippen. So können Sie die Wahrnehmung und den Bezug zu Ihren Finanzen also noch mehr stärken.

Übung: Wählen Sie die für Sie beste Trackingmethode aus und erstellen Sie folgende Kategorien:

Monate: Schreiben Sie alle Monate waagerecht nebeneinander.

Gesamteinnahmen und Gesamtausgaben: Neben den Dezember schreiben Sie außerdem das Wort „gesamt". Unter diese Spalte werden Sie am Ende des Jahres all Ihre zusammengerechneten Einnahmen und Ausgaben schreiben und somit einen schönen Jahresüberblick über Ihre Finanzen erhalten. Sie werden sehen, wie viel Gewinn oder Verlust Sie in einem Jahr gemacht haben und werden die Ergebnisse dazu nutzen, sich neue finanzielle Ziele für das nächste Jahr zu setzen. Wer nämlich keinen Gesamtüberblick hat, der wird sich höchstwahrscheinlich falsche Ziele setzen, weil er gar keine Ahnung haben wird, wie der Stand der Dinge ist. So jemand wird sich zum Beispiel zum Ziel setzen, im kommenden Jahr 5000 Euro Gewinn zu machen, obwohl er im Jahr zuvor bereits 7000 Euro Gewinn gemacht hat, ohne das zu wissen und sich nun viel zu niedrige Ziele setzt.

Die senkrechte Spalte: Während die waagerechte Spalte aus den Monaten und dem Wort „gesamt" besteht, schreiben Sie in die senkrechte Spalte folgende Kategorien in der genannten Reihenfolge untereinander: Aktueller Kontostand, Einnahmen, Ausgaben, Gesamteinnahmen, Gesamtausgaben, Endbesitz, Gewinn/Verlust.

Aktueller Kontostand: Am Anfang jedes Monats schreiben Sie auf, wie viel Geld Sie aktuell besitzen.

Einnahmen: Schreiben Sie jede ihrer Einnahmen einzeln nieder. Zu den Einnahmen zählt auch der 50-Euro-Schein, den Sie zum Geburtstag bekommen haben. Zwar haben Sie dieses Geld nicht durch Arbeit verdient, trotzdem besitzen Sie diese 50 Euro ja jetzt. Wenn Sie es noch genauer haben wollen, können Sie die Kategorie „Einnahmen" nochmal unterteilen. Vor allem, wenn Sie mehrere Einnahmequellen haben und Ihre Einnahmen jeden Monat variieren, kann das ganz sinnvoll sein, um den Überblick nicht zu verlieren.

Ausgaben: Auch Ihre Ausgaben können Sie in mehrere Kategorien, wie zum Beispiel „Lebensmittel", „Freizeit" oder „Investitionen" einteilen. Weshalb das so sinnvoll ist, erfahren Sie im nächsten Kapitel.

Gesamteinnahmen: Am Ende des jeweiligen Monats rechnen Sie all Ihre Einnahmen zusammen und schreiben das Ergebnis auf.

Gesamtausgaben: Das gleiche machen Sie auch mit Ihren Ausgaben.

Endbesitz: Führen Sie folgende Rechnung aus: Aktueller Kontostand (vom Anfang des Monats) + Gesamteinnahmen – Gesamtausgaben. Daraus ergibt sich dann Ihr neuer, aktueller Kontostand, den Sie am Anfang des nächsten Monats niederschreiben können.

Gewinn/Verlust: Führen Sie folgende Rechnung aus: Kontostand vom Anfang des Monats – Kontostand vom Ende des Monats. So finden Sie heraus, wie viel Gewinn oder Verlust Sie im jeweiligen Monat gemacht haben. Wenn Sie im Plusbereich sind, sind Sie bereits auf dem richtigen Weg. Sind Sie hingegen im Minusbereich, sollten Sie Ihre Finanzen auf jeden Fall optimieren. Wie Sie das am besten anstellen, erfahren Sie im folgenden Kapitel.

WELCHE AUSGABEN SIND SINNVOLL, WELCHE NICHT?

Dank Ihrer neu erstellten Trackingtabelle für alle Einnahmen und Ausgaben, werden sie bald schon ein Gefühl dafür bekommen, wo Ihr Geld eigentlich herkommt und vor allem, wo es immer hinfließt. Vielleicht werden Sie feststellen, dass Sie die Einnahmen-Ausgaben-Balance schon ziemlich gut beherrschen und am Ende des Monats mit einem guten Gewinn rechnen können. Vielleicht werden Sie aber auch feststellen, dass Sie jeden Monat nur knapp im Plusbereich landen oder sogar bei null rauskommen. Im schlimmsten Fall kommen Sie sogar in den Minusbereich, was Ihnen auf lange Sicht schaden wird. Denn wenn Sie stets mehr ausgeben, als Sie einnehmen, werden Sie sich irgendwann verschulden und komplett pleite sein.

Um herauszufinden, ob Sie durchschnittlich eher zu einem Gewinn oder einem Verlust am Ende eines Monats tendieren, sollten Sie Ihre Einnahmen und Ausgaben mehrere Monate lang tracken. Es gibt nämlich immer mal wieder Ausnahmen, wenn Sie zum Beispiel mal eine größere Ausgabe haben als sonst oder Weihnachtsgeld bekommen und deswegen Ihr Einkommen plötzlich höher ist. Wenn Sie Ihre Finanzen also nur einen Monat lang tracken, kann es sein, dass Sie einen Ausnahmemonat erwischen und somit falsche Schlüsse ziehen. So könnte Ihr Fazit also zum Beispiel sein: „Ich gebe ja gar nicht so viel aus, weil ich diesen Monat einen guten Gewinn gemacht habe." Dabei bedenken Sie dann nicht, dass Sie in dem jeweiligen Monat einen Bonus bei der Arbeit und Geburtstagsgeld erhalten haben und Ihr Gewinn einzig und allein deswegen so hoch ausfiel. Daraus ziehen Sie dann den falschen Schluss, dass Sie bereits ausreichend sparen und nichts an Ihren Ausgaben ändern müssen, obwohl Sie in allen anderen Monaten so gut wie keinen Gewinn machen und Ihre Finanzen auf jeden Fall noch optimieren sollten.

Tracken Sie Ihre Finanzen also erst mal mehrere Monate, bevor Sie ein Fazit aus Ihnen ziehen. Nachdem Sie das getan haben, machen Sie am besten die folgende Übung.

Übung: Schauen Sie sich Ihre Ausgaben genau an. Hierfür ist es wie im letzten Kapitel bereits erwähnt, sehr sinnvoll, Ihre Ausgaben in verschiedene Kategorien zu unterteilen, um später zu sehen, für welche Bereiche Sie mehr Geld ausgeben als für andere.

Was fällt Ihnen auf? In welchen Bereichen sind Ihre Ausgaben besonders hoch? Wieso sind sie in diesen Bereichen höher als in anderen?

Fragen Sie sich außerdem, ob all diese Ausgaben wirklich notwendig und sinnvoll sind und überlegen Sie, an welchen Stellen Sie diese Ausgaben minimieren könnten.

Brauchen Sie wirklich jede Ihrer sieben Versicherungen oder wurden Ihnen vier davon einfach mal angedreht und Sie sind immer noch nicht dazu gekommen, diese zu kündigen? Nutzen Sie alle abgeschlossenen Abonnements oder geben Sie auch dafür unnötiges Geld aus? Gibt es Verträge, die Sie abgeschlossen, die Sie aber längst nicht mehr haben wollen? Können Sie vielleicht sogar einige Ihrer Fixkosten reduzieren, indem Sie beispielsweise Ihre wöchentlichen Einkäufe besser planen, anstatt planlos und am besten noch auf leeren Magen einkaufen zu gehen und alles zu kaufen, was Ihnen so einfällt, was Sie letztendlich aber gar nicht essen?

Aber auch große Ausgaben können Sie versuchen zu minimieren. Vielleicht wohnen Sie ja in einer Wohnung, die eigentlich zu groß und zu teuer für Sie ist und vielleicht lohnt es sich ja, sich nochmal auf dem Wohnungsmarkt umzuschauen. Vielleicht besitzen Sie ja auch ein Auto, das Sie kaum nutzen und eigentlich verkaufen könnten, um Kosten zu sparen.

Wenn Sie sich gut mit Ihren Ausgaben auseinandersetzen, werden Sie schon bald merken, dass Sie viele Ihrer Ausgaben reduzieren können und somit immer mehr in den Plusbereich gelangen. Dabei geht es nicht darum, auf Dinge, die Sie wirklich benötigen und für die Sie gerne Geld ausgeben, zu verzichten, sondern einfach nur alle unnötigen, lästigen Ausgaben zu beseitigen.

OHNE SCHULDENABBAU GEHT GAR NICHTS

Sie können noch so sehr auf Ihre Einnahmen und Ihre Ausgaben achten und total sparsam leben: Wenn Sie hohe Schulden haben, werden Sie kein Vermögen aufbauen können. Denn das Geld, das Sie durch Ihre hohen Einnahmen und niedrigen Ausgaben sparen werden, wird nicht wirklich Ihnen gehören, weil Sie es ja irgendjemandem schulden.

Deswegen sollte Ihre Priorität erst mal darauf liegen, all Ihre Schulden abzubauen, bevor Sie damit beginnen, für sich zu sparen, ein Vermögen aufzubauen und Rücklagen zu bilden. Denn so werden Sie erst mal die schwere Last der Schulden und somit auch Ihre Abhängigkeit von anderen Menschen los, bevor Sie sich um sich selbst und um das Wachstum Ihrer Finanzen kümmern.

Übung: Nehmen Sie sich mal wieder ein Blatt Papier und einen Stift zur Hand und schreiben Sie erst mal alle Namen auf, die Ihnen beim Thema „Schulden“ in den Sinn kommen. An welche Einzelpersonen oder Institutionen müssen Sie denken, wenn es um Ihre Schulden geht?

Im ersten Moment werden Ihnen bestimmt offensichtliche Namen in den Kopf schießen, bei denen Ihnen Ihre Schulden sofort bewusst sind. Wenn Sie jedoch länger darüber nachdenken, werden Sie bestimmt auch auf Menschen oder Institutionen stoßen, die Sie schon längst vergessen hatten. Vielleicht, weil Ihre Schulden dort nicht so hoch sind. Vielleicht aber auch, weil Ihre Schulden bei diesen Personen so hoch sind, dass es Ihnen leichter fällt, damit umzugehen, in dem Sie das Ganze verdrängen, anstatt sich damit zu beschäftigen.

Doch durch das Verdrängen, werden die Schulden garantiert nicht niedriger, sondern vielleicht sogar höher. Also gilt auch diesmal, genauso wie bei den Themen „Tod“ oder „Rücklagen“: Es ist zwar ätzend, sich damit auseinanderzusetzen, aber es muss einfach sein. So verhindern Sie nämlich Schlimmeres und lassen eine enorme Last von Ihren Schultern fallen.

Als nächstes richten Sie Ihren Fokus auf Summe Ihrer Schulden. Denn wenn Sie wissen, wie viel Geld Sie noch zurückzahlen müssen, werden Sie das Ganze gut planen können und nicht mehr das Gefühl haben, von dem Schuldenberg erdrückt zu werden. Sie werden sich nach und nach, der Schuldenfreiheit immer weiter nähern.

Ordnen Sie den aufgeschriebenen Personen nun also Zahlen zu. Wie viel Geld schulden Sie wem? Rechnen Sie all Ihre Schulden anschließend zusammen und überlegen Sie im nächsten Schritt, wie viel Sie es sich leisten können, jeden Monat abzubezahlen. Schauen Sie sich dafür noch mal die Trackingliste für Ihre Einnahmen und Ausgaben an, vor allem den Gewinn/Verlust. Wie viel Geld haben Sie am Ende jedes Monats noch übrig und wie viel davon wären Sie bereit, im Monat abzugeben.

Legen Sie eine konkrete Summe fest. Achten Sie dabei jedoch darauf, auch für sich selber jeden Monat etwas übrig zu lassen und nicht all Ihr Erspartes für den Schuldenabbau auszugeben. Denn wenn nun irgendwelche unerwarteten Ausgaben anstehen, werden Sie diese nicht mehr zahlen können und sich noch weiter verschulden.

Nachdem Sie eine monatliche Schuldenabbau-Summe festgelegt haben, rechnen Sie aus, wie viele Monate es dauern wird, bis Sie all Ihre Schulden abgebaut haben. Streichen Sie sich dieses Datum im Kalender an, damit Sie auf diesen Tag hinarbeiten und sich auf Ihre Schuldenfreiheit freuen können.

Beginnen Sie nun mit dem Schuldenabbau. Wie Sie dabei vorgehen, bleibt Ihnen überlassen. Wenn Sie sich besser fühlen, wenn Sie zuerst die Schulden abbezahlen, die am größten sind, dann tun Sie das. Wenn Sie sich besser fühlen, wenn Sie zuerst den ganzen Kleinkram abbezahlt haben, sodass Sie sich auf die großen Schuldenberge konzentrieren können, dann tun Sie das. Wenn Sie sich besser fühlen, wenn Sie zuerst die Schulden abbezahlen, die schon am längsten von allen da sind, dann tun Sie das. Wählen Sie den für Sie richtigen Weg und fangen Sie an zu handeln.

EIN FESTES MONATSBUDGET FÜR MEHR KONTROLLE

Neben dem Tracken Ihrer Einnahmen und Ausgaben, gibt es noch eine weitere Möglichkeit, mehr Kontrolle über Ihre Finanzen zu erlangen. Denn nehmen wir mal an, Sie nehmen sich fest vor, nur eine bestimmte Summe im Monat für Lebensmittel auszugeben, merken aber am Ende des Monats an Ihren Ausgaben, dass Sie es letztendlich nicht geschafft haben, sich an diese Summe zu halten. Und somit scheitern Sie an Ihrem Ziel.

Deswegen ist es sinnvoll, Ihre Ausgaben nicht nur zu tracken, um lediglich einen Überblick über diese zu bekommen, sondern auch die volle Kontrolle über Ihre Ausgaben zu übernehmen. Das können Sie schaffen, indem Sie ein festes Budget für Ihre Ausgaben festlegen.

Übung: Sehen Sie sich die einzelnen Bereiche Ihrer Ausgaben genau an und legen Sie anhand des Durchschnittwerts Ihrer Ausgaben eine Summe fest, die Sie im Monat höchstens in dem jeweiligen Bereich ausgeben wollen. Wenn Sie beispielsweise für Ihre Lebensmittel in den letzten drei Monaten 223 Euro, 198 Euro und 204 Euro ausgegeben haben, könnten Sie sich von nun an vornehmen, im Monat nicht mehr als 200 Euro für Lebensmittel auszugeben.

Damit Sie sich auch wirklich an Ihre eigenen Vorgaben halten, sollten Sie folgendes tun: Wie viele Ausgaben-Bereiche haben Sie? Zählen Sie diese und besorgen Sie sich genauso viele Gläser mit Schraubverschluss. Nachdem Sie die Höchstsummen für die einzelnen Bereiche festgelegt haben, rechnen Sie die Gesamtsumme zusammen und heben diesen Betrag von Ihrem Konto ab.

Beschriften Sie die Gläser nach den jeweiligen Ausgaben-Bereichen und teilen Sie das Bargeld unter den Gläsern auf. Nutzen Sie von nun an nur noch dieses Bargeld für Ihre Ausgaben (außer natürlich bei sowieso schon festen, monatlichen Beträgen, wie zum Beispiel Ihrer Miete). Verwenden Sie von nun an nicht mehr Ihre Bankkarte, sondern wirklich ausschließlich das in den Gläsern enthaltene Bargeld.

Denn wer seine Bankkarte als Zahlungsmittel nutzt, der verliert schnell den Bezug zum Geld und wird eher verschwenderisch als jemand, der immer bar bezahlt. Einen 20-Euro-Schein auszugeben tut nämlich mehr weh, als eine Karte dafür zu verwenden.

Außerdem können Sie dank der Gläser immer ganz genau sehen, wie viel Geld Sie noch für welche Bereiche übrig haben. So kommen Sie nicht in die Situation, erst am Monatsende zu merken, dass Sie mal wieder über Ihr Budget hinausgeschossen sind, sondern haben das verfügbare Geld immer im Blick.

Wenn Sie also merken, dass es langsam knapp wird, können Sie etwas sparsamer mit Ihrem Geld umgehen, während Sie das bei einer Bankkarte gar nicht auf dem Schirm haben werden. Und selbst wenn Sie mit Bankkarte zahlen und merken, dass Sie mehr ausgeben als Sie sich vorgenommen haben, wird es Ihnen schwerfallen, das zu stoppen, da Sie ja sehen, dass Sie noch genug Geld auf dem Konto haben, um sich eine bestimmte Sache leisten zu können.

Im Glas hingegen sehen Sie, dass Sie eben nicht mehr ausreichend Geld haben und nun sparsam handeln sollten. Außerdem ist es wie gesagt schmerzvoller, Scheine und Münzen auszugeben, deren Wert man kennt, als für die unterschiedlichsten Summen, die gleiche Karte zu benutzen und gar kein Gefühl mehr für den Wert des Geldes zu haben.

Durch diesen kontrollierten Umgang mit Ihrem Geld, werden Sie am Ende eines Monats sogar höchstwahrscheinlich noch Geld übrig haben, das Sie wiederum sparen können.

KREDITE: DIE FINANZIELLE FALLE

In eine Schuldenfalle können Sie natürlich nicht nur geraten, wenn Sie sich bei irgendwelchen Privatpersonen Geld leihen. Auch Kredite können dafür sorgen. Und selbst, wenn Sie über ausreichend Geld verfügen, um einen bestimmten Kredit zurückzuzahlen, so machen Sie sich trotzdem abhängig, weil Sie Monat für Monat, einen bestimmten Anteil Ihres Einkommen abgeben müssen und diesen somit nicht sparen können.

Im Endeffekt sind Kredite ja nichts anderes als Schulden. Und wie Sie wissen, müssen Sie erst all Ihre Schulden abbezahlen, bevor Sie es schaffen können, sich ein Vermögen aufzubauen. Machen Sie sich also finanziell frei und unabhängig.

Sehr wahrscheinlich werden Sie nicht darum herumkommen, in Ihrem Leben den einen oder anderen Kredit aufnehmen zu müssen. Das sollten Sie jedoch immer sehr bedacht und wirklich nur dann machen, wenn es gar nicht anders geht. Ein klassisches Beispiel wäre hier der Kauf eines Hauses oder eines Autos. Die wenigsten Menschen werden sich diese Dinge nämlich kreditlos leisten können.

Doch inzwischen werden Kredite ja nicht nur für solche großen Investitionen aufgenommen, sondern selbst für Kleinigkeiten, die man sich durch etwas Sparen auch so leisten könnte und die man ohnehin nicht unbedingt braucht. Ein Beispiel dafür wäre der Fernseher. Viele Leute können sich einen guten Fernseher nämlich nicht auf Anhieb leisten und nehmen daher einen Kredit auf, um sich einen zu kaufen. Ein Fernseher ist ein Luxusprodukt und überhaupt nicht notwendig. Daher ist es sinnvoller, sich lieber etwas Zeit mit dem Kauf zu lassen und in dieser Zeit Geld anzusparen, anstatt direkt einen Kredit aufzunehmen und sich abhängig zu machen.

Kaufen Sie sich also wirklich nur Dinge, die Sie sich auch leisten können, anstatt einen unüberlegten Kredit aufzunehmen oder Ihr Konto zu überziehen. Denn auch das verschuldet Sie. Wenn Sie einmal Ihr Konto überzogen haben, wird die Hemmschwelle, das wieder zu tun, mit jedem

Mal immer weiter sinken, weil Sie sehen werden, dass im ersten Moment nichts Schlimmes geschieht, wenn Sie Ihr Konto überziehen. Sie werden außerdem das Gefühl haben, sich etwas leisten zu können, obwohl das gar nicht der Fall ist und immer mehr, nicht vorhandenes Geld ausgeben. Als wäre es nicht schon schlimm genug, dass Sie sich dadurch verschulden, kommen natürlich bei der Rückzahlung auch noch Zinsen hinzu. Und die fallen nicht zu niedrig aus.

Zum Kredit nehmen zählt übrigens auch, eine Kreditkarte zu benutzen. Denn damit tun Sie nichts anderes, als immer wieder Geld auszugeben, das Sie eigentlich nicht besitzen und bekommen dadurch das Gefühl, grenzenloser finanzieller Möglichkeiten. Doch egal wie grenzenlos Ihnen Ihre Möglichkeiten auch vorkommen mögen, sie sind es nicht. Und das werden Sie spätestens merken, wenn Sie Ihre Schulden wieder begleichen müssen.

Ein Tipp, um unnötige Kredite zu vermeiden: Legen Sie sich ein Notfallkonto an. Dieses Konto soll Ihnen, wie der Name schon sagt, für alle möglichen, unerwarteten Notfälle dienen. So ein Notfall könnte beispielsweise ein kaputtes Auto sein, dessen Reparaturkosten sehr hoch ausfallen oder ein plötzlicher Jobverlust.

Überweisen Sie jeden Monat einen bestimmten Betrag auf dieses Notfallkonto und bilden Sie sich ein paar Rücklagen, sodass Sie im Ernstfall nicht auf einen Kredit zurückgreifen müssen, sondern das Geld von Ihrem Notfallkonto nutzen können.

Und wenn dieses Geld nicht ausreicht, dann nehmen Sie sich eben doch einen Kredit, der jedoch zumindest nicht so hoch sein wird, wie er es wäre, wenn Sie kein Notfallkonto hätten.

DIE FINANZIELLE ABHÄNGIGKEIT IN BEZIEHUNGEN

Wer eine feste Beziehung mit jemandem eingeht und mit dieser Person irgendwann vielleicht sogar zusammenzieht, der steht in vielen Fällen vor der Frage nach einem gemeinsamen Konto. Dieses erleichtert nämlich einiges. So muss man nicht darauf achten, dass beide Parteien in der Beziehung ungefähr gleich viel Geld ausgeben, sondern überweist jeden Monat einen bestimmten Betrag auf dieses Konto, um das eingezahlte Geld dann ganz bequem nutzen zu können. In einigen Fällen kommt der Lohn beider Personen sogar direkt auf das gemeinsame Konto.

Das ist gar nicht so unsinnig, wenn der Lohn auf beiden Seiten ungefähr gleich hoch ist. Wenn der Lohn jedoch sehr unterschiedlich ist, ist so ein gemeinsames Konto gar nicht so sinnvoll.

Jetzt wird es mal wieder etwas unromantisch, aber so ist das manchmal, wenn man sich mit dem Thema Geld auseinandersetzt. Denn auch in Beziehungen gibt es ein Worst-Case-Szenario und in diesem Fall lautet dieses „Trennung". Folgende finanzielle Situationen könnten bei einer Trennung zum Problem werden:

Szenario 1: Sie verdienen mehr als Ihr(e) Partner(in) und haben ein gemeinsames Konto: In diesem Fall investieren Sie die komplette Beziehung über mehr Geld in diese, als das Ihr(e) Partner(in) macht. Wenn Sie sich bedingungslos lieben und denken, dass Sie Ihr ganzes Leben mit dieser Person verbringen werden, tun Sie das mit Sicherheit gerne. Im Fall einer Trennung werden Ihnen jedoch die Folgen bewusst werden. Denn das Geld, mit dem Sie Ihre(n) Partner(in) quasi mitfinanziert haben, hätten Sie sparen und daraus Rücklagen bilden können.

Sollten Sie beide im Guten auseinandergehen, werden Sie diese Erkenntnis vielleicht noch in Kauf nehmen und Ihre hohen Ausgaben nicht bereuen. Sollte die Beziehung jedoch auseinandergehen, weil Ihr(e) Partner(in) Sie beispielweise betrogen hat, wird die Reue über die hohe Summe, die Sie in die Beziehung investiert haben, groß sein.

Szenario 2: Sie verdienen weniger als Ihr(e) Partner(in) und haben ein gemeinsames Konto: Wenn das der Fall ist, gewöhnen Sie sich schnell daran, dass der oder die andere finanziell gut für Sie sorgt und dass Sie sich keine Sorgen um Ihre finanzielle Situation machen müssen. Sie verlassen sich stets auf Ihre(n) Partner(in) und müssen niemals fürchten, dass Sie nicht genügend Geld haben. Sie leben also über Ihre persönlichen finanziellen Möglichkeiten hinaus.

Doch was, wenn Sie sich trennen? In diesem Fall werden Sie plötzlich mit viel weniger Geld klarkommen müssen, als das bisher der Fall war. Sie werden gar nicht daran gewöhnt sein, auf Ihre Ausgaben achten und sparen zu müssen und so wird es schnell mal passieren, dass Sie pleite sind. Somit erleben Sie durch die Trennung nicht nur einen emotionalen Rückschlag, sondern zu allem Unglück dazu auch noch einen finanziellen.

Szenario 3: Die komplette finanzielle Abhängigkeit von dem/der Partner(in): Es gibt ja sogar Beziehungen, in denen nur eine Person arbeitet, während die andere den Haushalt schmeißt. In so einem Fall, tritt bei beiden Parteien bei einer Trennung der gleiche negative Effekt ein wie in den ersten beiden Szenarien, nur noch viel schlimmer. Denn in diesem Fall liegt die finanzielle Verteilung zum Beispiel nicht bei 70 Prozent zu 30 Prozent, sondern bei 100 Prozent zu 0 Prozent.

Während die eine Person vielleicht sogar jahrelang zwei Personen finanziert und diese hohen Ausgaben nach einer schlimmen Trennung bereut, bekommt die andere Person bei einer Trennung vielleicht sogar Existenzängste, weil Sie ja gar keinen Job und somit auch kein eigenes

Geld hat.

Wie Sie sehen, ist es sinnvoll, sich das mit der ungleichmäßigen Finanzenteilung und somit auch das mit einem gemeinsamen Konto, gut zu überlegen. Sie sollten sich nämlich niemals abhängig von anderen Menschen machen. Selbst wenn Sie mit einem dieser Menschen in einer Beziehung sind. Machen Sie weder Ihr Glück noch Ihre Finanzen von jemand anderem abhängig.

PASSIVES EINKOMMEN FÜR MEHR FINANZIELLE FREIHEIT

Diesen Punkt haben wir ja bereits einmal angesprochen, wollen nun aber etwas genauer darauf eingehen. Denn um ein Vermögen aufbauen zu können, benötigen Sie neben Ihrem gewöhnlichen Einkommen, auch passive Einnahmequellen. Finanziell intelligente Menschen wissen das und bauen sich diese Quellen auf. Vor allem, wenn Sie nicht Ihr Leben lang für Ihr Geld schuften wollen, ist ein passives Einkommen hervorragend.

Wir sind es gewohnt, unsere Zeit gegen Geld zu tauschen, doch so werden wir es niemals schaffen, reich zu werden. Es sei denn, unser Schuldenlohn ist unfassbar hoch, was in den meisten Fällen eher unwahrscheinlich ist. Da der Tag nur eine begrenzte Stundenzahl hat, können wir unsere Einnahmen ab einem bestimmten Punkt einfach nicht mehr skalieren, wenn diese nicht passiv laufen.

Noch dazu kommt, dass wir noch nicht mal alle Stunden am Tag dazu nutzen können, zu arbeiten und unsere Zeit gegen Geld zu tauschen, weil auch unsere Energie nun mal begrenzt ist und wir auch mal eine Pause brauchen, um uns ausreichend auszuruhen.

Wer also finanziell intelligent handelt, der bewegt sich immer weiter weg von dem Konzept, seine Zeit gegen Geld zu tauschen und immer weiter zu dem Konzept hin, sich ein passives Einkommen aufzubauen, das einem unabhängig von Tageszeit und Arbeit, ununterbrochen immer mehr Geld einbringt.

Um sich ein passives Einkommen aufzubauen, müssen Sie zunächst unbezahlte Zeit investieren und in den meisten Fällen auch Geld, um hinterher passive Einnahmen generieren zu können. So bauen Sie sich nach und nach ein System auf, bei dem nicht Sie für Ihr Geld schuften müssen, sondern Ihr Geld für sich arbeiten lassen.

Und an dieser Stelle kommt das Investieren ins Spiel. Sie haben sich ja bereits Gedanken darüber gemacht, wie Sie Ihr Geld am liebsten investieren würden. Sind Ihnen dabei gute Ideen in den Sinn gekommen, bei denen Sie sich ernsthaft vorstellen könnten, diese zu verwirklichen?

Es gibt viele verschiedene Möglichkeiten, sein Geld zu investieren, um sich dadurch ein passives Einkommen aufzubauen. Wenn Sie damit beginnen, sollten Sie natürlich erst mal klein anfangen und nicht direkt eine Immobilie kaufen, ohne sich damit auszukennen.

Sie könnten zum Beispiel überlegen, worin Ihre Stärken liegen und zu dem jeweiligen Thema dann ein Produkt erstellen. Beispiele hierfür wären ein Onlinekurs oder ein Ratgeber. Denn so ein Produkt müssen Sie lediglich ein einziges Mal erstellen und vermarkten. Wenn Sie das geschickt anstellen, werden sich die investierte Zeit und das Geld auf alle Fälle lohnen und Sie werden bald schon passive Einnahmen generieren, in dem Sie Ihr Produkt immer wieder aufs Neue verkaufen.

Neben dem Erstellen eines eigenen Produktes, gibt es natürlich auch noch weitere Möglichkeiten, sich ein passives Einkommen aufzubauen. Beispielsweise durch Aktien und Wertpapiere oder das Crowdinvesting.

Dabei muss jeder für sich die ideale Quelle für sein passives Einkommen finden. Während die einen richtig Spaß daran haben, Ihre eigenen Produkte zu erstellen und zu verkaufen, beschäftigen sich andere viel lieber mit Aktien.

Sobald Sie merken, dass Sie mit Ihren kleinen Versuchen, erste Erfolge erzielen und nach und nach eine immer größer werdende finanzielle Intelligenz entwickeln, können Sie langsam, aber sicher damit beginnen, sich auch an größere Projekte, wie zum Beispiel den Kauf einer Immobilie, zu wagen.

Zu diesem Zeitpunkt werden Sie durch Ihr reguläres, monatliches Einkommen und durch die dazugekommene passive Einnahmequelle, genug Geld angespart haben, um auch in größere Dinge investieren zu können. Und wenn Sie das erfolgreich machen, werden Sie dadurch wiederum noch mehr Geld verdienen, was Sie erneut in noch größere Projekte investieren können.

So entsteht eine durch und durch positive Aufwärtsspirale, die Sie dem finanziellen Erfolg und Ihrem Vermögen immer näherbringen wird.

BEDEUTET EIN ERHÖHTES EINKOMMEN AUCH ERHÖHTE AUSGABEN?

Reichtum wird nicht nur anhand der monatlichen Einnahmen berechnet, sondern vor allem anhand des aktuellen Besitzes. An dieser Stelle wollen wir Sie noch mal an das bereits vorgestellte Beispiel erinnern: Jemand der 3000 Euro monatlich verdient, aber nur 1500 Euro ausgibt, der spart jeden Monat 1500 Euro und ist somit reicher als jemand, der 5000 Euro monatlich verdient und diese 5000 Euro auch wieder ausgibt.

Viele Menschen machen den Fehler, Ihren Lebensstil an das steigende Einkommen anzupassen. Diese Menschen haben zwar ausreichend finanzielle Intelligenz, um sich ein immer weiter wachsendes Vermögen aufzubauen, doch mit diesem Vermögen richtig umgehen, können sie noch nicht. Das ist bei vielen auch kein Wunder. Denn wer noch nie besonders viel Geld hatte, es aber endlich schafft, dieses Geld nach und nach zu verdienen, sodass der Kontostand von Monat zu Monat immer weiter steigt, der ist natürlich überfordert mit so einer hohen Summe und weiß nicht, wie er damit umgehen soll. Und so wird das Geld einfach ausgegeben, nach dem Motto: „Jetzt kann ich mir das ja auch leisten."

Doch nach diesem Motto zu leben, kann fatale Folgen haben und dazu führen, dass selbst jemand, der sehr hohe, monatliche Einnahmen erzielt, am Ende des Monats immer pleite ist. Wenn das, was er sich so hart aufgebaut hat, nun aus irgendeinem Grund wieder zusammenbricht, steht er wieder mit leeren Händen da und kann sich nicht mal etwas zu essen und zu trinken leisten.

Sie sollten also niemals Ihren Lebensstandard drastisch erhöhen, nur weil Sie plötzlich mehr Geld zur Verfügung haben. Natürlich dürfen Sie sich dann mehr gönnen oder sich vielleicht auch mal die eine oder andere teure Sache kaufen, die Sie schon immer haben wollten, sich aber niemals leisten konnten. Sie sollten aber niemals von 0 auf 100 schießen und Ihr Geld plötzlich unüberlegt aus dem Fenster schmeißen.

Gehen Sie trotz erhöhter Einnahmen also vernünftig mit Ihrem Geld um und behalten Sie das sparvolle Verhalten und den Überblick über Ihre Einnahmen und Ausgaben bei.

Tipp: Sobald Sie merken, dass Sie sich auf einmal mehr leisten können, als das bisher jemals in Ihrem Leben der Fall war, sollten Sie sich vor Impulskäufen stoppen und einen kühlen Kopf bewahren.

Erstellen Sie dafür am besten eine Liste mit Dingen, die Sie schon immer mal haben wollten und schreiben Sie direkt die Preise daneben, damit Sie einen genauen Überblick erhalten.

Legen Sie nun eine Summe fest, die Sie sich erlauben, in einem Monat für diese Dinge auszugeben und halten Sie sich auch daran. Sie können sich dafür erneut ein Glas mit Schraubverschluss besorgen, damit Sie stets wissen, wie viel Sie im jeweiligen Monat für Ihre Wunschkäufe ausgeben können.

Wenn es sich dabei mal um eine große Investition handelt, dann sparen Sie eben einige Monate, bis sich in dem Glas genügend Geld für die jeweilige Sache angesammelt hat.

VERSCHIEDENE KONTEN FÜR DIVERSE ZWECKE

Wie Sie ja wissen, ist ein Überblick für ein finanziell intelligentes Handeln das A und O. Wer keinen Überblick über seine Finanzen hat, der hat quasi schon verloren. Es gibt viele verschiedene Möglichkeiten, sich so einen Überblick zu verschaffen. Eine davon ist zum Beispiel das Tracken der eigenen Einnahmen und Ausgaben. Doch wenn Sie noch einen Schritt weiter gehen wollen, dann können wir Ihnen nur wärmstens ans Herz legen, mehrere Bankkonten zu eröffnen und es nicht nur bei einem einzigen zu belassen.

So wissen Sie immer ganz genau, wie viel Geld Sie im Moment für welche Zwecke haben. Mehrere Konten zu haben, ist sozusagen die erweiterte Methode der Schraubgläser für verschiedene Zwecke. Wenn Sie nach und nach immer mehr Geld verdienen und sich langsam, aber sicher ein Vermögen aufbauen, werden Ihnen diese Gläser irgendwann nicht mehr ausreichen und deswegen ist es ab einem bestimmten Punkt einfach sinnvoll, sie durch richtige Bankkonten zu ersetzen oder zu ergänzen.

Wir stellen Ihnen nun einige Konten vor, die Sie eröffnen könnten. Sie können natürlich damit beginnen, alle vorgestellten Konten zu führen. Da das aber etwas viele sind, müssen Sie das nicht. Es reicht, wenn Sie sich nach diesem Kapitel für die Konten entscheiden, die Ihnen am meisten zusagen. Denn es geht ja wie gesagt darum, sich einen guten Überblick über Ihre Finanzen zu verschaffen. Wenn Sie aber so viele Bankkonten haben, dass Sie gar nicht mehr mit dem Sortieren und Überweisen Ihres Geldes hinterherkommen und vielleicht sogar gar nicht mehr wissen, welche Konten Sie noch mal alle eröffnet haben, verlieren Sie diesen finanziellen Überblick und machen sich das Leben nur noch schwerer.

Nicht jedes Konto ist für jeden Menschen sinnvoll. Also schauen Sie sich die verschiedenen Möglichkeiten genau an und entscheiden Sie anschließend, welche dieser Möglichkeiten zu Ihnen passt und Sie am meisten anspricht. Vielleicht fällt Ihnen ja sogar eine ganz andere, individuelle Möglichkeit ein, die nachfolgend nicht vorgestellt wird.

Folgende Konten könnten Sie beispielsweise eröffnen:

Ein Konto für Ihre Fixkosten: Dieses Konto rühren Sie selber gar nicht an. Es läuft aufgrund von verschiedenen Daueraufträgen von alleine. Auf dieses Konto wird jeden Monat Ihr Gehalt überwiesen. Außerdem werden regelmäßig wiederkehrende Zahlungen von diesem Konto abgebucht. Dazu gehören zum Beispiel Ihre Miete, verschiedene Versicherungen und Verträge oder irgendwelche Abgaben, wie zum Beispiel die GEZ-Gebühren.

Außerdem werden von diesem Konto jeden Monat bestimmte Beiträge an Ihre anderen Konten überwiesen. Wenn Sie all das mithilfe von Daueraufträgen regeln, müssen Sie sich kaum um dieses Konto kümmern, weil alles automatisch läuft.

Ein Konto für variable Ausgaben: Jeden Monat überweisen Sie eine bestimmte Summe auf ein Konto, das Ihren variablen Ausgaben dienen soll. Zu diesen variablen Kosten zählen zum Beispiel Lebensmitteleinkäufe, Ausgaben für verschiedene Freizeitbeschäftigungen, Spritkosten oder kleinere Besorgungen. Diese variablen Ausgaben sollten sich natürlich trotzdem in einem bestimmten Rahmen bewegen.

Dafür haben Sie ja auch schon festgelegt, wie viel Sie im Monat höchstens für einen Lebensbereich ausgeben wollen (zum Beispiel 200 Euro für Lebensmittel, 100 Euro für Freizeitaktivitäten und so weiter). Rechnen Sie die Summe der Ausgaben in den einzelnen Bereichen aus und überweisen Sie jeden Monat etwas mehr Geld auf dieses Konto, als bei Ihrer Rechnung rauskam. Dadurch, dass solche alltäglichen Ausgaben ja variieren, ist es immer besser, etwas mehr zu haben als zu wenig. So laufen Sie nicht Gefahr, Ihr Konto zu überziehen oder auf ein anderes Konto zurückgreifen zu müssen.

Und wenn Sie am Ende des Monats etwas Geld auf diesem Konto übrig haben, können Sie den Rest auf Ihr Sparkonto überweisen.

Ein Konto für Ihre Ersparnisse: Dieses Konto rühren Sie, genauso wie das Konto für Ihre Fixkosten, so gut wie niemals an und lassen stattdessen einen Dauerauftrag laufen. Jeden Monat kommt so eine von Ihnen festgelegte Summe von dem Fixkosten-Konto auf Ihr Sparkonto. Und wenn am Ende des Monats auch noch etwas auf dem Konto für variable Ausgaben übrig bleibt, wird auch das auf das Sparkonto überwiesen.

Wenn Sie wollen, können Sie sich mehrere Sparkonten anlegen. So wissen Sie nämlich, wann und wofür Sie das Ersparte letztendlich benutzen dürfen. Bei einem allgemeinen Sparkonto ist es schwer, zu entscheiden, ob Sie das angesparte Geld nur für große Investitionen wie ein neues Auto oder auch für kleinere Ausgaben, wie den nächsten Urlaub, verwenden dürfen.

Sinnvoll wären also unterschiedliche Sparkonten für verschiedene Zwecke. Wie Sie diese letztendlich anlegen, bleibt natürlich mal wieder einzig und allein Ihnen überlassen. Sie könnten zum Beispiel drei verschiedene Sparkonten erstellen und das erste Konto für kleine Anschaffungen wie zum Beispiel neue Haushaltsgeräte oder ihren Urlaub nutzen, das zweite für mittelgroße Anschaffungen wie ein neues Auto und das dritte Konto für große Anschaffungen beziehungsweise Ausgaben wie beispielsweise eine Weltreise oder eine eigene Wohnung.

Ein Konto für ein großes Lebensziel: Haben Sie irgendein großes Lebensziel, das so weit entfernt scheint, dass Sie nicht denken, es jemals erreichen zu können? Denken Sie, dass Sie sowieso niemals genug Geld für ein eigenes Haus mit großem Garten und Pool haben werden?

So ein großes Lebensziel scheint im ersten Moment unerreichbar zu sein, ist es aber nicht, wenn Sie nur lang genug darauf hin sparen.

Legen Sie sich also auch ein Sparkonto für Ihr großes Lebensziel an und Sie werden sehen, dass Sie diesem Ziel mit etwas Geduld immer näherkommen werden, bis Sie es letztendlich sogar erreichen.

Ein Konto zum Abbezahlen Ihrer Schulden: Neben den ganzen tollen Sparkonten, die Sie erstellen, um bestimmte Ziele im Leben zu erreichen, sollten Sie auch diesmal natürlich an die eher negativen Themen denken. Dazu gehören leider auch die Schulden. Wenn Sie überhaupt gar keine Schulden haben, dann benötigen Sie dieses Konto natürlich nicht. Sollte es aber doch noch bestimmte Menschen oder Institutionen geben, denen Sie Geld schulden, dann ist so ein Konto wirklich sinnvoll.

Sie haben ja bereits herausgefunden, wie viel Geld Sie wem schulden. Überweisen Sie jeden Monat einen bestimmten Betrag auf Ihr Schuldenkonto, bis Sie die Summe Ihrer Schulden erreicht haben. Zahlen Sie die Schulden anschließend ab.

Wenn die Zeit drängt und Sie es sich nicht leisten können, erst mal zu sparen, bevor Sie Ihre Schulden abbezahlen, können Sie das natürlich auch sofort machen. Ein Schuldenkonto ist vor allem dazu da, um sich einen Überblick über Ihre Schulden zu verschaffen und nach und nach genug zu sparen, um sie abbezahlen zu können, statt direkt eine hohe Summe zurückzuzahlen und finanziell darunter zu leiden.

Ein Konto für Rücklagen: Rücklagen sind unheimlich wichtig. Denn damit sichern Sie sich selbst ab, für den Fall, dass Ihrer Karriere etwas in den Weg kommt. Ganz egal, ob Ihre Firma bankrottgeht oder Sie einen schweren Unfall erleiden, durch den Sie arbeitsunfähig werden: Je höher die Rücklagen sind, die Sie über die Jahre hinweg gebildet haben, desto besser werden Sie solche schlimmen Situationen auch meistern können. Denn ein Schicksalsschlag ist so oder so schon schlimm genug. Er muss nicht auch noch von einer schweren, finanziellen Krise begleitet werden.

Wenn Ihnen in Ihrem Leben also irgendwann mal etwas Schlimmes wiederfährt, das dafür sorgt, dass Sie kein Geld mehr verdienen, sollten Sie auf jeden Fall abgesichert sein. Deswegen ist ein langfristiges Konto für Rücklagen, die Sie in solch einem Fall retten werden, mehr als nur zu empfehlen. Wenn Sie über die Jahre hinweg, eine gute Summe an Rücklagen bilden, werden Sie im Fall der Fälle nicht auf Ihre Sparkonten zurückgreifen müssen.

Ein Konto für Notfälle: Dieses Konto haben wir ja bereits erwähnt. Während das Konto für Ihre Rücklagen, Sie vor allem auf lange Sicht schützen und Ihnen bei einem Worst-Case-Szenario helfen soll, dient das Notfallkonto vor allem kurzfristigen, kleineren, unerwarteten Notfällen. Denn auch bei solchen kleinen Zwischenfällen sollten Sie schließlich nicht auf Ihr Sparkonto zurückgreifen, da dieses anderen Zwecken dient.

Falls also plötzlich mal hohe Zahnarztkosten anfallen, Sie irgendeine Strafe zahlen müssen, Ihr Auto kaputt geht oder unerwartete Rechnungen auftauchen, werden Sie sich keine Sorgen darüber machen müssen, wie Sie all das bezahlen sollen. Und Sie werden auch nicht schweren Herzens auf Ihre Ersparnisse zurückgreifen und auf den diesjährigen Urlaub verzichten müssen. Auch Ihre Rücklagen werden unter dieser Situation nicht leiden müssen. Und all das nur, weil Sie vorsorglich gehandelt und ein Notfallkonto angelegt haben.

Zögern Sie nicht und beginnen Sie damit, sich mehrere Konten für die verschiedensten Zwecke anzulegen. Suchen Sie sich Ihre Favoriten heraus und fangen Sie so bald wie möglich damit an, diese Konten zu erstellen. Je früher Sie mit dem Überblick, der Bildung Ihrer Rücklagen und dem Sparen anfangen, desto schneller wird sich das auch auszahlen.

Darauf sollten Sie auf alle Fälle achten

Finanziell intelligent zu sein bedeutet nicht nur, einfach irgendwelche Schritt-für-Schritt-Anleitungen in die Tat umzusetzen und sich dadurch ein gutes Einkommen, ein Vermögen und finanzielle Freiheit aufzubauen. Denn während der eine Schritt zu mehr finanzieller Freiheit, bei dem einen Menschen hervorragend funktioniert, macht der gleiche Schritt bei einem anderen Menschen, alles nur noch schlimmer.

Der Weg zur finanziellen Freiheit ist total individuell und sieht bei jedem Menschen anders aus. Natürlich gibt es hier und da Überschneidungen und bestimmte Punkte müssen erfüllt werden, damit man sich überhaupt ein Vermögen aufbauen kann. Wer beispielsweise einen Berg an Schulden hat, der wird nicht finanziell unabhängig sein können, wenn er diesen nicht vorher erst mal loswird. Das ist einfach ein Fakt und nichts Individuelles.

Wie genau ein Mensch jedoch an diesen Schuldenberg herangeht und welche Schritte er benötigt, um seine Schulden wieder abzubezahlen, ist auf jeden Fall individuell. Und so sieht es auch bei jeder der vier Säulen der finanziellen Intelligenz aus. Alle vier Punkte sind wichtig und sollten stets verfolgt werden. Doch wie genau Sie diese Punkte verfolgen, müssen Sie für sich entscheiden. Sie müssen Ihren ganz persönlichen Weg finden. Nur weil eine bestimmte Art und Weise der Umsetzung für einen Menschen funktioniert, bedeutet das nicht, dass diese Art und Weise der Umsetzung auch bei Ihnen funktioniert. Denn finanzielle Intelligenz bedeutet nicht, einfach irgendwelche Anleitungen stumpf umzusetzen, sondern herauszufinden, welche Art der Umsetzung für einen selber am besten funktioniert. Nur so werden Sie es schaffen, Ihren persönlichen, individuellen Weg zu finden und das wird Ihnen wiederum dabei helfen, langfristig erfolgreich zu werden.

Worauf Sie neben der Umsetzung der verschiedenen Schritte zu mehr finanzieller Intelligenz also außerdem achten sollten, um Ihren eigenen Weg zu finden, erfahren Sie in den nächsten Kapiteln.

SETZEN SIE SICH NICHT UNTER DRUCK

Der allerwichtigste Punkt auf der Reise zu mehr finanzieller Intelligenz ist, sich nicht unter Druck setzen zu lassen. Ein bisschen Druck kann dem einen oder anderen helfen, in die Gänge zu kommen und nicht mehr zu prokrastinieren. Zu viel Druck hingegen bewirkt nur das komplette Gegenteil. Die Lust an der jeweiligen Sache verschwindet und man kann sich gar nicht mehr dazu motivieren, etwas zu tun. Man zieht sich zurück und verdrängt die Dinge, die man eigentlich noch alle erledigen sollte. Im schlimmsten Fall führen zu viel Stress und Druck sogar zu einem Burn-Out. Und ein Burn-Out wird weder Ihrer Gesundheit gut tun noch Ihnen dabei helfen, mehr finanzielle Intelligenz und Freiheit zu erlangen.

Sie sollten also stets darauf achten, sich niemals unter Druck setzen zu lassen. Doch wodurch entsteht Druck überhaupt? Hier sind drei der häufigsten Gründe:

Der Vergleich mit anderen: „Der Nachbar hat ein viel größeres Haus als ich. Meine Freundin Lisa hat schon so viel abnehmen können, wieso schaffe ich das also nicht? Und mein Freund Max ist in seiner Karriere auch schon viel weiter. Von meiner Schwester will ich gar nicht erst anfangen. Sie hat nämlich einen Mann und drei Kinder, während ich noch nicht mal annähernd einen Partner gefunden, geschweige denn Kinder habe."

Ständig vergleichen wir uns mit anderen, anstatt den Fokus auf uns selbst zu lenken. Das setzt uns enorm unter Druck. Denn am liebsten vergleichen wir uns natürlich nicht mit Menschen, die auf Ihrem Lebensweg noch nicht so weit sind wie wir, sondern mit Menschen, die schon viel weiter sind. Das Problem ist jedoch, dass es immer jemanden geben wird, der in irgendeinem Punkt weiter sein wird als Sie. Wenn Sie sich also darauf konzentrieren, dem Leben anderer Menschen nachzueifern, werden Sie es niemals schaffen, am Ziel anzukommen und somit auch niemals glücklich werden können.

Machen Sie sich also bewusst, dass Sie zwar noch nicht so weit sind, wie sehr viele Leute, dafür aber bereits viel weiter sind als viele andere Leute. Sie stehen nicht bei 0, aber auch nicht bei 100 und das ist vollkommen okay. Hören Sie auf, sich mit anderen Menschen zu vergleichen und ziehen Sie Ihr Ding durch. Es ist ganz egal, ob Ihre Freunde bereits finanziell intelligenter sind als Sie. Sie gehen Ihren individuellen Weg und das ist auch gut so. Setzen Sie sich nicht unter Druck. Denn dieser Druck wird Sie Ihrem Ziel nicht näherbringen, sondern Sie immer weiter davon entfernen.

Das Versagen: Um finanziell intelligent zu werden und sich nach und nach ein Vermögen aufzubauen, werden Sie sich mit Sicherheit immer wieder neue Ziele setzen. Wenn Sie diese dann erreichen, werden Sie sich darüber freuen und voller Motivation an Ihren neuen Zielen arbeiten. Sollten Sie ein Ziel aber mal nicht erreichen, wird Sie das sehr wahrscheinlich frustrieren.

Dieses „Versagen" setzt einen oft unter Druck. Weil man etwas nicht erreicht hat, wird es plötzlich umso wichtiger, das nächste Ziel zu erreichen. Denn wenn man auch dieses nicht erreicht, wächst die Frustration nur noch mehr.

Es ist jedoch vollkommen normal, dass Sie nicht jedes Ziel, das Sie sich setzen, auch erreichen werden. Sie müssen nicht ständig liefern, um erfolgreich zu werden. Es ist okay, auch mal zu versagen. Verurteilen Sie sich also nicht, wenn Sie ein gesetztes Ziel auch mal nicht erreichen und setzen Sie sich nicht unter Druck. Sie sind schließlich kein Roboter und können nicht alles perfekt meistern.

Fühlen Sie sich also nicht schlecht, wenn mal was nicht so klappt, wie Sie es gerne hätten. Versuchen Sie das Ganze ohne Druck einfach erneut. Denn unter Druck werden Sie erst recht versagen. Lassen Sie sich Zeit und hetzen Sie sich nicht. Denn der Aufbau von stabilen Finanzen passiert nun mal nicht über Nacht, sondern benötigt diese Zeit und entsteht nicht von heute auf morgen.

Die Fehler: Auch Fehler können einen ziemlich runterziehen und unter Druck setzen. Selbst wenn Fehler nicht zwangsweise dazu führen, dass man versagt und ein bestimmtes Ziel nicht erreicht, schauen die meisten Menschen nicht einfach über ihre Fehler hinweg, sondern verurteilen sich für diese, setzen sich noch mehr unter Druck und achten noch viel mehr darauf, bloß keine Fehler mehr zu machen. Doch je mehr man unter Druck steht, desto schneller passieren Fehler. Der Druck bewirkt also nichts Positives, sondern nur etwas Negatives.

Erlauben Sie sich also Fehler, anstatt sich für diese zu verurteilen. Denn Fehler sind nun mal menschlich und viele Fehler lassen sich auch wieder geradebiegen. Versuchen Sie einfach, aus Ihren Fehlern zu lernen, um beim nächsten Mal nicht den gleichen Fehler zu machen. Es liegt in Ihrer Hand, ob Sie einen Fehler dazu nutzen, an ihm zu wachsen oder sich noch mehr unter Druck zu setzen. Wir hoffen, Sie entscheiden sich für Ersteres.

Doch wie genau befreit man sich von all dem Druck. Denn in der Theorie klingt das ja schön und gut, aber wie setzt man das Ganze am Besten in die Praxis um? Wir stellen Ihnen nun zwei Übungen vor, die Ihnen dabei helfen werden, sich von dem Druck zu befreien.

Die Achtsamkeits- und Entspannungsübung: Druck verspüren wir meist dann, wenn wir zu sehr in unseren Gedanken vertieft sind und uns mal wieder Sorgen darüber machen, was wir alles noch erledigen und erreichen müssen. Eine Möglichkeit, um diesen Druck loszuwerden ist also, sich aus seinen Gedanken, in das Hier und Jetzt zu begeben.

Wenn Sie das nächste Mal also gestresst sind und Druck verspüren, nehmen Sie sich einen Moment Zeit für sich. Das wird Ihnen sicherlich nicht leichtfallen. Sie werden sich wahrscheinlich denken, dass Sie doch gerade, wenn Sie total unter Druck stehen, überhaupt gar keine Zeit dafür haben, sich jetzt auch noch Ruhe zu gönnen. Aber genau dann werden Sie es am nötigsten haben.

Nehmen Sie sich also einen Monet Zeit und atmen Sie tief ein und aus. Konzentrieren Sie sich auf Ihren Atem und anschließend auch auf Ihren Körper. Wie fühlt er sich an? Verspüren Sie den Druck nicht nur in Ihrem Kopf, sondern auch an bestimmten Körperstellen, wie zum Beispiel auf der Brust? Haben Sie irgendwelche Schmerzen oder fühlt sich Ihr Körper gut an?

Richten Sie nun Ihren Fokus auf die Umgebung und setzen Sie dabei alle Ihre Sinne ein. Was sehen Sie? Was hören Sie? Was fühlen Sie? Was riechen Sie? Was schmecken Sie?

Konzentrieren Sie sich auf das Hier und Jetzt, anstatt Ihren besorgten Gedanken einen Freiraum zu schaffen. Atmen Sie tief durch und entspannen Sie sich. Sie werden bald schon merken, wie der Druck nach und nach von Ihren Schultern fallen wird.

Müssen Sie wirklich oder wollen Sie nur? Für diese Übung müssen Sie sich nicht extra Zeit nehmen, sondern können Sie ganz einfach in Ihren Alltag integrieren.

Eine Sache, die uns sehr unter Druck setzt, ist unsere Annahme, dass wir noch so vieles tun *müssen*. „Ich *muss* den Haushalt machen. Ich *muss* zur Arbeit gehen. Ich *muss* erfolgreich werden. Ich *muss* finanziell intelligenter werden." Es gibt so viele Dinge, die wir angeblich tun müssen und das setzt uns enorm unter Druck.

Dabei müssen wir tatsächlich die wenigsten Dinge wirklich tun. Das meiste, was wir machen, geschieht auf einer freiwilligen Basis. Denn Sie müssen den Haushalt nicht machen, sondern tun das freiwillig, damit Ihre Wohnung schön sauber ist. Sie müssen auch nicht arbeiten gehen. Sie können jederzeit kündigen, arbeiten jedoch trotzdem freiwillig weiter, um Geld zu verdienen. Sie müssen auch nicht erfolgreich und finanziell intelligent werden. Beide Ziele verfolgen Sie, weil Sie das *wollen* und nicht *müssen*.

Die Erkenntnis darüber, dass es kaum etwas gibt, das Sie wirklich tun müssen, kann Ihnen einen großen Teil Ihres Drucks nehmen. Denn die meisten Dinge tun Sie, weil Sie sie tun wollen und nicht tun müssen.

Wenn Sie also das nächste Mal unter Druck sind, weil Sie das Gefühl haben, etwas tun zu müssen, dann stellen Sie sich folgende Fragen:

Muss ich das tun oder will ich das tun?

Wenn ich es tun will, dann wofür? Wie lautet mein „warum" und lohnt es sich, dafür zu kämpfen?

Wenn ich es nicht tun will, dann warum nicht? Gibt es eine Möglichkeit, mein „warum" zu finden, sodass ich diese Sache doch tun will?

Kann ich diese Sache nicht einfach bleiben lassen, wenn ich sie nicht tun will? Was wären die Konsequenzen und wäre ich bereit, diese in Kauf zu nehmen?

Gibt es vielleicht eine alternative Option, die mir besser gefallen würde und die ich gerne tun würde?

Finden Sie Ihr „warum" und finden Sie heraus, was Sie in Ihrem Leben wirklich tun wollen. Denn wenn Sie immer nur Dinge machen, auf die Sie gar keine Lust haben, verschwenden Sie nur Ihr Leben.

KENNEN SIE IHRE GRENZEN

Während das Versagen einen schon mal ziemlich runterziehen kann, löst der Erfolg dafür umso mehr Glücksgefühle aus. Und da Glücksgefühle sehr angenehme Gefühle sind, strebt man immer und immer weiter nach ihnen. Bei manchen Menschen wird das sogar zu einer Sucht und sie können sich nicht einfach so mit dem zufrieden geben, was sie bereits haben. Denn Zufriedenheit reicht nicht aus, deswegen müssen immer wieder neue Glücksgefühle her.

Doch um neue Glücksgefühle zu bekommen, muss man jedes Mal auch etwas Neues dafür tun. Denn das Glücksgefühl für eine Sache, die Sie erreicht haben, wird nicht von langer Dauer sein. Schließlich gewöhnt der Mensch sich ja auch an so gut wie alles.

Nehmen wir mal an, Ihr größtes Ziel ist es, eine Million Euro zu besitzen. Sobald sie dieses Ziel erreichen, schütten Sie Glücksgefühle aus. Doch schon bald werden Sie sich an die eine Million gewöhnen und diese Zahl wird Ihnen nicht mehr ausreichen, weil sie bei Ihnen für keine Glücksgefühle mehr sorgen wird. Und somit werden Sie sich ein neues, höheres Ziel setzen, obwohl das für Ihr Leben gar nicht notwendig wäre, für Ihre Gefühlswelt aber schon.

Es ist natürlich immer sinnvoll, sich immer größere Ziele zu setzen und stets nach oben zu streben. Doch dabei sollten Sie auf keinen Fall Ihre Grenzen vergessen. Ab wann wollen Sie ein bestimmtes Ziel nur wegen des guten Gefühls oder der Herausforderung erreichen und nicht, weil Sie dieses Ziel tatsächlich anspricht.

Klar können Sie sich auch „sinnlose" Ziele setzen, das wollen wir Ihnen damit auch gar nicht ausreden. Wenn Sie Lust haben, einen Handstand zu lernen, obwohl dieser Ihnen überhaupt nichts bringen wird, dann tun Sie das. Es gibt jedoch einen Unterschied zwischen sinnlosen Zielen, die Sie einfach nur zum Spaß erreichen wollen und Zielen, die für Ihre Psyche wirklich gefährlich werden könnten. Denn wer mit seiner eine Million immer noch nicht zufrieden ist und immer mehr Geld haben möchte, der tut weder sich noch seinen Mitmenschen damit etwas Gutes.

Ihr Grund, um Ihre finanzielle Intelligenz zu steigern und sich ein Vermögen aufzubauen, sollte weder Geiz noch Geldgier sein. Denn das sind ungesunde, negative Motivationsgründe. Stattdessen sollte Ihr Grund zum Beispiel wie folgt lauten: „Ich möchte finanziell intelligenter werden, um finanziell abgesichert zu sein und mir und meinen Liebsten ein wunderschönes Leben ermöglichen zu können."

Ein negativer Motivationsgrund wird Sie nicht nur niemals glücklich machen, sondern führt auch noch dazu, dass Sie sogar Dinge tun, auf die Sie überhaupt gar keine Lust haben und die Sie letztendlich noch unglücklicher machen, als Sie es aufgrund Ihres schlechten Motivationsgrundes sowieso schon sind.

Ein klassisches Beispiel hierfür wäre, dass Sie lieber einen Job annehmen, bei dem Sie Menschen ausbeuten und der Sie nicht erfüllt, bei dem Sie dafür aber viel verdienen, anstatt einen Job, der Ihnen sehr viel Freude bereitet und bei dem Sie nicht über Leichen gehen müssen, bei dem Ihr Gehalt jedoch auch nicht ganz so hoch ist.

Liegt Ihr Fokus jedoch darauf, sich ein glückliches Leben aufzubauen, werden Sie sich eher für den tollen Job mit etwas weniger Gehalt entscheiden und eine andere Lösung dafür finden, Ihre Einnahmen zu steigern. Denn so tun Sie Dinge nicht aufgrund des Geldes, sondern weil Sie glücklich sein wollen.

Lernen Sie also Ihre Grenzen kennen und achten Sie darauf, durch finanziellen Erfolg nicht in eine teuflische Spirale zu gelangen, die Sie herzlos und geizig werden lässt. Bleiben Sie trotz Ihres Erfolges stets bodenständig.

Übung: Sollten Sie mit zunehmendem finanziellem Erfolg immer mehr merken, dass Sie Ihr Ziel und vor allem auch sich selbst verlieren und nur noch dem Geld hinterherrennen, können wir Ihnen empfehlen, sich von Zeit zu Zeit selbst zu reflektieren.

Machen Sie sich dafür bewusst, was Sie in Ihrem Leben schon alles erreicht haben und wie viel Sie bereits besitzen. Machen Sie diese Übung am besten schriftlich, weil Sie sich so all Ihre Erfolge wortwörtlich vor Augen führen können.

Sie werden höchstwahrscheinlich feststellen, dass Sie eigentlich gar keinen Grund mehr haben, um nach noch mehr Geld und Macht zu streben und dass Sie mit dem, was Sie bereits erreicht haben und besitzen, vollkommen zufrieden sein können. Vielleicht leben Sie ja sogar im totalen Überfluss und können neue Erfolge nicht wirklich wertschätzen und sich darüber freuen. In diesem Fall wäre es sinnvoll, sich Ihren Besitz und auch Ihren Alltag noch mal ganz genau anzusehen und beides gründlich auszumisten.

Wer sieben Autos besitzt, wird sich über das achte nicht so sehr freuen und dieses nicht mit voller Wertschätzung verwenden wie jemand, der noch gar kein Auto besitzt. Wer jeden zweiten Tag einen Wellnessabend mit Massage und Sauna veranstaltet, für den wird das auch keine Besonderheit, sondern Teil der Abendroutine sein. Jemand, der so einen Wellnessabend hingegen nur alle paar Monate macht, der wird diesen viel mehr genießen, ihn wertschätzen und sich darauf freuen.

Nur weil Ihre Finanzen es also gerade zulassen, bedeutet das nicht, dass Sie im puren Luxus leben und dadurch total abstumpfen müssen. Denn das führt dazu, dass Sie immer mehr wollen und niemals genug kriegen.

Wenn also auch Sie das Gefühl haben, dass es Ihnen nie genug ist und Sie ständig neue Dinge erreichen oder kaufen müssen, die bei Ihnen Glücksgefühle auslösen, dann führen Sie doch mal eine Selbstreflektion durch und stellen Sie fest, wie gut es Ihnen bereits geht und schrauben Sie Ihren Luxus vielleicht etwas zurück, damit Sie die Dinge wieder mehr wertschätzen können.

Vergessen Sie auch nicht, dass Ihnen all das Geld nichts bringen wird, wenn Sie unglücklich sind oder schwer erkranken und seien Sie dankbar dafür, dass es Ihnen und Ihren Liebsten gut geht, anstatt sich darauf zu fokussieren, mehr und mehr Geld zu verdienen.

Finanzielle Intelligenz erfordert das richtige Mindset

Finanzielle Intelligenz beginnt logischerweise im Kopf. Und wie in den letzten Kapiteln bereits erwähnt: Sie können zwar stumpf irgendwelche Anleitungen zu mehr finanzieller Intelligenz nachmachen, ohne dabei zu wissen, was Sie eigentlich tun. Von finanzieller Intelligenz wird dieses Verhalten jedoch leider nicht zeugen. Denn um finanziellen Erfolg zu erzielen, erfordert es nicht nur das korrekte praktische Handeln, sondern vor allem auch das richtige Mindset.

Wer zum Beispiel versucht, sich ein Vermögen aufzubauen, im Hinterkopf jedoch ständig den Gedanken herumschwirren hat, dass das doch sowieso nicht klappen wird, bei dem wird es auch tatsächlich nicht klappen. Denn egal, wie sehr wir uns bemühen, solche Gedanken zu verdrängen und weiterhin einen Weg zu gehen, an den wir nicht glauben, letztendlich werden trotzdem unsere Gedanken unsere Handlungen bestimmen.

Ihr negatives Mindset wird Ihre Haltung zum Thema Geld und Ihre daraus resultierenden Taten beeinflussen. Wenn Sie nicht daran glauben, finanziellen Erfolg erzielen zu können, werden Sie auch nicht wirklich für diesen Erfolg kämpfen und Ihre Vermutung wird sich bewahrheiten. Sie werden sagen: „Ich hab doch gewusst, dass ich sowieso nicht finanziell erfolgreich sein werde." Dabei werden Sie nicht darauf kommen, dass nur Sie alleine für diesen Misserfolg verantwortlich sind.

Wie Sie also sehen, ist es leider nun mal nicht egal, was Sie denken, solange Sie richtig handeln. Denn Ihre Gedanken haben einen Einfluss auf Ihre Handlungen und wenn Ihre Einstellung zur finanziellen

Intelligenz und zum finanziellen Erfolg negativ ist, dann werden Sie nicht weit kommen.

Es gibt nicht viele Menschen, die eine positive Einstellung zu Geld haben und wirklich daran glauben, dass Sie sich ein Vermögen aufbauen können. Vielleicht gehören ja auch Sie zu diesen Menschen. Die Tatsache, dass Sie dieses Buch gekauft haben, beweist jedoch, dass Sie bereit sind, an sich zu arbeiten, um finanzielle Intelligenz aufzubauen. Denn die Arbeit an sich selbst ist unfassbar wichtig. Sonst fließt das Geld nicht, egal wie sehr man sich auch bemüht.

Wie Sie an Ihrem Mindset arbeiten können, um finanziellen Erfolg zu erzielen, erfahren Sie in den nächsten Kapiteln.

SEIEN SIE STETS OFFEN FÜR NEUES

Wer sich innerlich verschließt, der baut nach und nach eine dicke Mauer auf und es wird immer schwieriger, diese Mauer zu durchbrechen. Ob von außen oder von innen. Das bedeutet, dass man selber diese Mauer immer schwerer durchbrechen und aus seiner Komfortzone rauskommen kann und dass man andere Menschen und Chancen, die das Leben einem hergibt, auch nicht an sich ranlässt.

Wer jedoch finanziell intelligenter werden will, der kann sich nicht in seinem Nest hinter der sicheren Mauer verkriechen und nie wieder rauskommen. Natürlich ist es bequem und sicher, sich an das zu halten, was man bereits kennt, anstatt neue Dinge auszuprobieren, die vielleicht sogar schieflaufen könnten. Aber wenn Sie nicht offen für Neues sind, dann wird Ihr Leben so bleiben wie es ist, auch Ihre Finanzen.

Denn wieso sollte jemand, der lieber seinen alten Job behält, anstatt einen neuen auszuprobieren, plötzlich ein höheres Gehalt bekommen?

Und woher soll auf einmal eine weitere Einnahmequelle daherkommen, wenn diese Person gar nicht offen für so eine Quelle ist und sich diese daher auch nicht aufbaut?

Die Chancen, finanziellen Erfolg zu erzielen, wenn Sie stets offen für Neues sind, sind so viel größer, als wenn Sie immer nur traditionell bleiben und auf das vertrauen, was Sie bereits kennen. Das muss nicht heißen, dass alles, was Sie ausprobieren, zum Erfolg führt. Denn nicht alles, was neu ist, ist besser als das, was Sie bereits kennen. Die Chancen auf Erfolg steigen jedoch, je mehr Neues Sie in Ihr Leben lassen.

Beispiel: Simon traut sich etwas Neues und startet eine Webseite, um sich eine weitere Einnahmequelle aufzubauen, während Phillip lieber auf seinen bereits bestehenden Job vertraut und nicht daran glaubt, dass Simon mit seiner Seite Erfolg haben wird.

Nach einiger Zeit merkt Simon, dass die Webseite tatsächlich nicht gut läuft und beendet das Projekt. Phillips Reaktion lautet nur: „Ich wusste, dass ich recht habe und dass das sowieso nicht klappt und verschwendete Zeit ist." Doch Simon lässt sich nicht unterkriegen und probiert immer wieder neue Dinge aus. Manche funktionieren, manche nicht. Die, die nicht funktionieren, lässt er bleiben und an denen, die funktionieren, hält er fest.

Nach einigen Jahren und Fehlversuchen, aber auch Erfolgen, schafft es Simon letztendlich, sich drei passive Einnahmequellen aufzubauen, die so gut laufen, dass er seinen Job kündigt und sich sogar ein Haus kaufen kann.

Phillip hingegen steckt immer noch in seinem alten Job mit dem gleichen Gehalt fest, weil er sich einfach nicht für Neues öffnen will.

Wenn Sie sich für neue Angebote, Jobs, Ideen und Chancen öffnen und ihnen eine Chance geben, dann werden Sie mit Sicherheit auch Rückschläge einstecken müssen. Diese Rückschläge werden Ihnen jedoch zeigen, dass Sie in diesem Fall bei dem Alten bleiben sollten. Das ist ebenfalls eine wichtige Erkenntnis.

Doch zwischen diesen Rückschlägen wird es auch Erfolge geben, für die es sich lohnen wird, aus seinem Nest herauszukriechen und loszufliegen. Trauen Sie sich also, neue Dinge auszuprobieren. Denn wenn Sie das nicht tun, werden Sie keinen finanziellen Erfolg, sondern lediglich finanziellen Stillstand erreichen. Und das ist schließlich nicht Ihr Ziel.

Übung: Sich für neue, lebensverändernde Möglichkeiten zu öffnen, ist alles andere als leicht. Denn neue Dinge auszuprobieren, bringt immer ein Risiko mit sich. Und je größer die Veränderung ist, die das Neue mit sich bringt, desto größer ist auch das Risiko, dass man diese Veränderung letztendlich doch bereut.

Gerade Menschen, die überhaupt nicht offen für Neues sind, werden das mit Sicherheit nicht einfach so von heute auf morgen ändern können. Wenn auch Sie zu diesen Menschen gehören, dann müssen Sie sich keine Sorgen machen, das Ziel, sich für große, neue Möglichkeiten zu öffnen, nie zu erreichen. Denn auch wenn dieses Ziel für Sie im Moment sehr weit weg zu sein scheint, werden Sie es mit Sicherheit erreichen können, wenn Sie sich ihm Schritt für Schritt, in Ihrem eigenen Tempo nähern.

Überlegen Sie also zuerst, wo Ihre Grenze liegt. Sind Sie kleinen Möglichkeiten und Veränderungen in Ihrem Leben gegenüber offen und können sich nur bei großen Ereignissen nicht öffnen? Oder halten Sie so sehr an Ihren Traditionen fest, dass Sie sogar die kleinsten Dinge nicht verändern können?

Wenn das der Fall ist, dann fangen Sie mit genau diesen kleinen Dingen auch an. Denken Sie an Ihren Alltag und an Ihre Routinen? Wie sehen diese Routinen aus und an welcher Stelle käme es für Sie in Frage, Ihre Routinen zu durchbrechen? Worauf haben Sie einen Einfluss? Manche Dinge lassen sich nämlich nicht so einfach verändern. Sie können zum Beispiel nicht einfach so bestimmen, von nun an zwei Stunden später auf der Arbeit aufzukreuzen, denn darüber würde sich Ihr Chef sicherlich nicht freuen.

Über andere Bereiche in Ihrem Leben haben Sie jedoch die volle Kontrolle. Essen Sie jede Woche die gleichen Gerichte? Dann probieren Sie neue Rezepte aus. Gehen Sie regelmäßig zum Yoga? Wie wäre es zur Abwechslung einmal mit einer komplett anderen Sportart, wie zum Beispiel dem Boxen? Lesen Sie nur Sachbücher von den Schriftstellern, die Sie bereits kennen und deren Bücher Ihnen so gut wie immer gefallen? Dann öffnen Sie sich doch auch mal für die Bücher anderer Schriftsteller oder sogar für ein ganz neues Genre.

Schon nach kurzer Zeit werden Sie merken, dass diese kleinen Veränderungen und das Öffnen für Neues, Ihr Leben bereichern werden. Natürlich wird es hier und da mal Enttäuschungen geben. Ein misslungenes Gericht, kein Spaß an einer bestimmten Sportart oder ein langweiliges Buch. Diese kleinen Enttäuschungen lohnt es sich unserer Meinung nach jedoch auf alle Fälle in Kauf zu nehmen, wenn man bedenkt, wie viele Erfolge damit einhergehen.

Trauen Sie sich nach und nach an größere Dinge ran und öffnen Sie sich für diese. Was wollten Sie schon immer mal ausprobieren, haben es aber dann doch nicht getan, aus Angst vor dem Neuen? Schreiben Sie diese Dinge nieder und sortieren Sie sie nach der Größe der Herausforderung, die sie mit sich bringen. Für was von dieser Liste benötigen Sie die meiste Überwindung und wofür die wenigste?

Beginnen Sie nun damit, sich für die harmloseste, kleinste Sache zu öffnen und probieren Sie sie aus. So arbeiten Sie sich immer weiter durch Ihre Liste, bis Sie sogar so weit sind, auch für größere Herausforderungen und finanzielle Veränderungen offen zu sein.

NEHMEN SIE IHR LEBEN IN DIE HAND

Viele Menschen verbringen ihr Leben damit, dem Schicksal die Macht über ihre Existenz und ihren Lebensweg zu überlassen. Sie geben ihre Verantwortung einfach ab und überlassen alles einer „höheren Macht". Hinter diesem Glauben steckt sehr oft einfach nur die Angst davor, Verantwortung für das eigene Leben zu übernehmen.

Menschen, die nicht an das Schicksal glauben, sind oft jedoch auch nicht besser. Denn auch diese Menschen geben Ihre Verantwortung ab, und zwar an die Zukunft. Sie warten auf den einen, bestimmten Moment. Der richtige Zeitpunkt, um in die Gänge zu kommen und zu handeln, ist bei diesen Menschen niemals da. Auf diesen richtigen Zeitpunkt warten sie ihr Leben lang und gehen am Ende mit leeren Händen aus. Denn dieser Zeitpunkt wird leider niemals kommen.

Sie sollten also die Verantwortung über sich selbst weder dem Schicksal, dem Zufall noch dem richtigen Zeitpunkt übergeben und Ihr Leben stattdessen selber in die Hand nehmen. Denn nur so werden Sie erfolgreich werden, auch finanziell.

Wollen Sie wirklich darauf warten, dass Sie per Zufall an eine tolle neue Einnahmequelle oder einen vielversprechenden Job gelangen und wenn das nicht passiert, einfach dem Schicksal oder dem Zufall die Schuld in die Schuhe schieben? Haben Sie ehrlich Lust, Jahre damit zu verschwenden, auf einen angeblich richtigen Zeitpunkt zu warten? Oder wollen Sie Ihr Leben in die Hand nehmen und für Ihre Ziele kämpfen, in dem Sie jetzt sofort damit beginnen, zu handeln? Wir hoffen, Sie entscheiden sich für die letzte Option. Denn niemand außer Ihnen selbst ist für Ihr Schicksal verantwortlich und hat einen Einfluss darauf.

Übung: Es wird Zeit für einen konkreten Plan. Bisher sollten Sie ja vor allem Ideen sammeln und ein wenig brainstormen. Sie sollten Ihren Gedanken freien Lauf lassen, ohne dabei schon genau wissen zu müssen, wie Ihr persönlicher Weg zu mehr finanzieller Intelligenz und Freiheit aussieht. Nun geht es darum, aus all diesen Ideen einen klaren Plan zu schmieden und damit anzufangen, diesen in die Tat umzusetzen.

Gehen Sie dafür die Ergebnisse der bisherigen Übungen durch und schauen Sie sich an, welche Gedanken und Ideen Sie dabei niedergeschrieben haben. Beginnen Sie damit, zwischen den einzelnen Gedanken und Ideen, die ziemlich wirr und durcheinander sind, klare Zusammenhänge zu schaffen.

Um das Ganze besser ordnen zu können, teilen Sie Ihre Gedanken den vier Säulen der finanziellen Intelligenz zu. Schreiben Sie also die Begriffe „Einkommen“, „Investitionen“, „Sparen“ und „Absicherung“ untereinander auf ein Blatt Papier.

Sortieren Sie nun Ihre Gedanken und Ideen, indem Sie diese zu den passenden Säulen schreiben. Legen Sie sich anschließend Ihre Ziele fest und erstellen Sie Pläne, die Ihnen dabei helfen sollen, diese Ziele zu erreichen.

Was müssen Sie persönlich tun, um Ihr Einkommen zu steigern? Haben Sie bereits Ideen für weitere Einnahmequellen? Lautet der erste Schritt bei Ihnen vielleicht, sich einen Überblick über Ihre finanzielle Situation zu verschaffen oder sind Sie sich Ihrer Finanzen bereits bewusst und können schon einen Schritt weiter gehen?

Wie sieht es mit Ihrer Sparintelligenz aus? Haben Sie Schulden, die Sie nun nach und nach abarbeiten werden oder ist das Erstellen verschiedener Konten der nächste Teil Ihres Plans? Wie viel wollen Sie jeden Monat sparen und wie gehen Sie die ganze Sache an?

Was ist mit dem Investieren? Haben Sie schon entschieden, in was Sie investieren wollen? Wenn ja, wie sieht ihr nächster Schritt aus? Kennen Sie sich mit dem jeweiligen Bereich bereits aus oder wollen Sie sich nun erst mal ein paar Bücher kaufen, um sich zu informieren?

Sind Sie für Ihre Zukunft gut abgesichert? Wenn nicht, wie wollen Sie dafür sorgen, dass dieser Fall eintritt? Haben Sie schon eine Summe festgelegt, die Sie monatlich in Ihre Absicherung investieren wollen? Gibt es ein Ziel, das Sie in einer bestimmten Zeit erreichen wollen? Zum Beispiel soundso viel gespartes Geld für die Absicherung in soundso vielen Jahren?

Denken Sie beim Erstellen Ihres finanziellen Plans stets daran, dass

Sie diesen an Ihren Lebensstil anpassen. Denn wie Sie ja wissen, sollten Sie sich niemals mit anderen Menschen vergleichen. Es ist ganz egal, ob Ihr bester Freund es schafft, jeden Monat 2000 Euro zu sparen. Selbst wenn Sie anfangs nur 50 Euro sparen können oder es schaffen, auf 0 zu kommen, statt wieder im negativen Bereich zu landen, ist das schon mal ein großer Erfolg, auf den Sie stolz sein können.

Auch die Reihenfolge der einzelnen Schritte zu mehr finanzieller Intelligenz, ist vollkommen individuell. Wir geben Ihnen natürlich einen Leitfaden mit. Ob Sie sich an diesen halten oder eine andere Reihenfolge ausprobieren wollen, bleibt jedoch einzig und alleine Ihnen überlassen.

Nehmen Sie also Ihr Leben in die Hand, setzen Sie sich konkrete Ziele, erstellen Sie Pläne, um diese Ziele zu erreichen und finden Sie Ihren individuellen Weg zu mehr finanzieller Freiheit und Intelligenz. Übernehmen Sie die Kontrolle.

TRAUEN SIE SICH, GRENZEN ZU ÜBERSCHREITEN

Sie kennen mit Sicherheit den Spruch: „Wer nicht wagt, der nicht gewinnt." An diesem Spruch ist auf alle Fälle etwas Wahres dran. Denn wer seine Ziele erreichen will, der muss sich auch trauen, etwas für diese Ziele zu tun und aus seiner Komfortzone herauszukommen. Natürlich geht man ein gewisses Risiko ein, wenn man sich etwas traut und seine Grenzen überschreitet. Es besteht schließlich die Gefahr, zu scheitern und zu verlieren, anstatt zu gewinnen. Wer jedoch ständig nur Angst hat und aus dieser Angst heraus nichts wagt, der hat bereits verloren.

Es lohnt sich also, dieses Risiko einzugehen und in Kauf zu nehmen, zu scheitern, anstatt auf der Stelle stehen zu bleiben und es gar nicht erst zu versuchen. Nichtsdestotrotz ist es natürlich wichtig, dabei die verschiedenen Risiken abzuwägen und sich die Worst-Case-Szenarien vor Augen zu führen, die beim Überschreiten bestimmter Grenzen eintreten könnten. Wenn das Worst-Case-Szenario zum Beispiel lautet, dass man am Ende wieder am selben Punkt ankommt, an dem man angefangen hat, dann lautet das Risiko lediglich, dass man im schlimmsten Fall seine Zeit umsonst verschwendet.

Ist das Worst-Case-Szenario jedoch beispielsweise der Verlust der eigenen Firma, sollten Sie sich gut überlegen, ob es Ihnen Wert ist, dieses Risiko einzugehen und eine bestimmte Grenze zu überschreiten. Vielleicht sollten Sie Ihre Grenzen in so einem Fall zwar überschreiten, aber nicht zu weit über Sie hinausschießen und vorsichtig an die ganze Sache rangehen, um nichts ernsthaft Schlimmes zu riskieren.

Je nach Situation, werden Sie es sich erlauben können, Ihre bisherigen Grenzen mehr oder weniger zu überschreiten. Mit der Zeit werden Sie lernen, Ihre Risiken gut einzuschätzen, um keine fatalen Fehler zu begehen. Wichtig ist nicht unbedingt, dass Sie komplett über Ihre Grenzen hinausschießen. Ganz im Gegenteil: so etwas kann sogar gefährlich werden. Wichtig ist nur, dass Sie Ihre Grenzen überschreiten, und zwar ganz langsam, Schritt für Schritt. Denn nur wenn Sie das tun und auch mal etwas riskieren, werden Sie es schaffen, finanziell erfolgreich zu werden.

Übung: Beantworten Sie folgende Fragen in Ruhe:

Wo liegen momentan Ihre persönlichen Grenzen? Welche dieser Grenzen trauen Sie sich bisher noch nicht, zu überschreiten? Wieso trauen Sie sich das nicht? Was würde im schlimmsten Fall passieren, wenn Sie diese Grenzen überschreiten würden? Was würden Sie dabei riskieren? Haben Sie selber Angst davor, sie zu überschreiten oder wird Ihnen diese Angst vor allem von außen eingeredet? Welche Ihrer Grenzen würden Sie denn am liebsten einmal überschreiten? Was wäre das Beste, das dadurch passieren könnte?

Sie können diese Fragen natürlich auf die verschiedensten Bereiche Ihres Lebens anwenden. In diesem Fall geht es aber hauptsächlich um

Ihre finanzielle Situation.

Suchen Sie sich eine Grenze aus, die Sie unfassbar gerne überschreiten wollen und die nicht viele Risiken mit sich bringt und überschreiten Sie sie. So eine Grenze könnte zum Beispiel sein, den Chef nach einer Gehaltserhöhung zu fragen. Das Schlimmste, was passieren könnte wäre, dass er „nein" sagt. Das Beste, was passieren könnte, wäre hingegen eine Zusage. In dem Fall besteht also kein großes Risiko, sodass Sie sich ruhig trauen können.

Mit der Zeit werden Sie lernen, auch größere Grenzen zu überschreiten und sich immer mehr zu trauen, was Ihnen letztendlich dabei helfen wird, finanziellen Erfolg zu erzielen und natürlich auch in anderen Bereichen Ihres Lebens erfolgreich zu werden.

HANDELN SIE REFLEKTIERT

Genauso, wie es für einen finanziellen Erfolg sehr wichtig ist, auch mal Risiken einzugehen, ist es auch unheimlich wichtig, reflektiert zu handeln. Denn sonst kann die Risikobereitschaft auch schnell mal in die Hose gehen. Sich etwas zu trauen, Risiken einzugehen und Grenzen zu überschreiten, bedeutet nicht, unüberlegt zu handeln. Ganz im Gegenteil: Damit ein Risiko keine fatalen Folgen mit sich bringt und sich im besten Fall sogar lohnt, müssen Sie dieses gut einschätzen können, Vor- und Nachteile gegeneinander abwägen und eine gut durchdachte Entscheidung treffen.

Schließlich wollen Sie ja nicht in einen finanziellen Ruin geraten und alles, was Sie sich aufgebaut haben, verlieren. Wenn Sie also finanzielle Intelligenz aufbauen wollen, müssen Sie lernen, Ihre Ideen und Wünsche zu reflektieren, um große Fehlschläge zu vermeiden.

Doch das Vermeiden von Fehlern ist nicht der einzige Grund, der für das Reflektieren spricht. Denn Sie sollten nicht nur reflektieren, *bevor*

Sie eine Entscheidung treffen, sondern auch *nachdem* Sie eine Entscheidung treffen. Wenn nämlich etwas nicht so läuft, wie wir es uns ursprünglich vorgestellt haben, neigen wir dazu, zu sagen: „Das hätte ich mir doch denken können!" oder „Hab ich es doch gewusst!"

Im Nachhinein scheint einem die Situation immer klar zu sein. Schließlich hätte man sich doch denken können, dass ein bestimmter Plan scheitert oder dass man sein Ziel nicht erreicht. Aber das stimmt nicht. Denn zu dem Zeitpunkt, als man sich dazu entschieden hat, ein Risiko einzugehen, konnte man noch nicht wissen, wie das Ganze am Ende ausgeht. Im Nachhinein denkt man genau das jedoch schnell mal. Deswegen ist es wichtig, seine Entscheidungen auch im Nachhinein noch zu reflektieren. So bewahrt man einen kühlen Kopf und ärgert sich weniger darüber, dass etwas schiefgelaufen ist, weil man sich klar macht, dass man zum Zeitpunkt der Entscheidung das Bestmögliche getan hat und die Gründe hinter der Entscheidung sieht.

Das Reflektieren hilft Ihnen also nicht nur dabei, Entscheidungen weise zu treffen, sondern diese im Nachhinein nochmal genau zu betrachten, anstatt sich lediglich zu freuen, wenn etwas klappt und zu ärgern, wenn etwas nicht klappt. Durch das Reflektieren können Sie außerdem herausfinden, wo der Fehler im jeweiligen Fall lag und was Sie tun können, um so einen Fehler nicht nochmal zu machen.

Fragen, um zu reflektieren: Es folgen nun einige Fragen, die Ihnen beim Reflektieren helfen können. Natürlich gibt es noch viel mehr Fragen, die Sie sich stellen können und die von Situation zu Situation variieren. Mit den folgenden Fragen wollen wir Ihnen lediglich einen Anstoß geben und ein paar Ideen aufzeigen, wie so eine Reflektion aussehen könnte. Je öfter Sie sich selbst und Ihre Entscheidungen reflektieren, desto besser werden Sie das nach und nach auch tun können und desto mehr Fragen werden Ihnen selber einfallen. Und je mehr Fragen Sie sich selbst stellen, desto besser reflektieren Sie und desto klarere Schlüsse können Sie aus Ihren Entscheidungen ziehen.

Vor einer wichtigen Entscheidung: Was fühle ich, wenn ich daran denke, diese Entscheidung zu treffen? Verspüre ich Angst oder Freude? Inwiefern würde ich von dieser Entscheidung profitieren? Wie könnte ich anderen damit helfen? Welche Risiken bringt die Entscheidung mit sich? Bin ich bereit, diese Risiken in Kauf zu nehmen? Treffe ich diese Entscheidung wirklich nur für mich oder tu ich das, weil andere es von mir verlangen? Was möchte ich durch die Entscheidung erzielen? Ist es realistisch, dass ich das schaffen werde? Lohnt sich der Aufwand für das Ergebnis? Bin ich vollkommen überzeugt von meiner Idee?

Nach einer wichtigen Entscheidung, die sich als richtig oder falsch herausgestellt hat: Wieso hat sich meine Entscheidung als richtig/falsch herausgestellt? Aus welchem Grund habe ich mich dazu entschieden, so zu handeln, wie ich gehandelt habe? Wurden meine Erwartungen erfüllt? Wenn ja, wieso? Wenn nein, wieso? Bereue ich meine Entscheidung? Habe ich lang genug darüber nachgedacht, bevor ich mich entschieden habe? Habe ich die Entscheidung aus voller Überzeugung getroffen? Wusste ich es zu dem Zeitpunkt der Entscheidung wirklich besser oder behaupte ich das nur im Nachhinein?

Fehler oder Erfolgsgründe finden: Wieso ist etwas so gelaufen oder nicht so gelaufen, wie ich es mir vorgestellt habe? Aus welchen Gründen war die Entscheidung ein voller Erfolg oder Misserfolg? Welche Fehler habe ich dabei gemacht? Was kann ich aus diesen Fehlern lernen? Wie kann ich es schaffen, meine Entscheidung das nächste Mal weiser zu treffen? Kann ich es schaffen, mir meine Fehler zu verzeihen, weil ich auch nur ein Mensch bin? Kann ich die nächste Entscheidung voller Überzeugung und Glauben an mich selbst treffen, auch wenn die jetzige Entscheidung sich als falsch herausgestellt hat? Was muss ich machen, um mir selber wieder vertrauen zu können?

KONZENTRIEREN SIE SICH AUF SICH SELBER UND NICHT AUF ANDERE

Sie wissen ja bereits, dass Sie sich niemals mit anderen Menschen vergleichen sollten. Denn das zieht Sie nur runter, anstatt Sie dazu zu motivieren, an Ihren Zielen zu arbeiten und sich auf sich selbst zu konzentrieren. Aber nicht nur das Vergleichen mit anderen sollten Sie endgültig lassen. Denn es gibt noch einen weiteren Erfolgskiller, der etwas mit Ihren Mitmenschen zu tun hat, und zwar ihre Meinung.

Wir hören und vertrauen nur zu gern auf die Meinung anderer Menschen, anstatt einfach mal in uns hinein zu hören und das zu tun, was wir selber wollen und nicht irgendjemand anderes. Es gibt verschiedene Gründe, um sich von der Meinung anderer leiten zu lassen. Entweder fühlen wir uns unsicher und vertrauen mehr auf andere als auf uns selbst oder wir wollen bestimmte Menschen stolz machen und tanzen deshalb nach ihrer Pfeife oder aber es ist uns unheimlich wichtig, was andere Menschen von uns denken und deswegen trauen wir uns nicht, unser eigenes Ding durchzuziehen, sondern lassen uns stattdessen von diesen Menschen beeinflussen.

Ganz egal aus welchem Grund Sie auf die Meinung anderer Menschen hören und im schlimmsten Fall sogar danach handeln: so werden Sie nicht erfolgreich. Vielleicht werden Sie sogar erfolgreich, jedoch werden Sie den Erfolg anderer Menschen leben und nicht Ihren eigenen. Was bringt es Ihnen, das Ziel zu verfolgen, ein großes Haus zu kaufen und eine Familie zu gründen, wenn Sie eigentlich gar keine Lust haben, sesshaft zu werden und viel lieber durch die Welt reisen würden.

Machen Sie sich also von der Meinung anderer Menschen frei. Wenn eine Meinung konstruktiv ist, Sie weiterbringen könnte und Sie vielleicht sogar danach gefragt haben, dann können Sie sich diese Meinung zwar zu Herzen nehmen, entscheiden sollten Sie sich dann aber wirklich so, wie Sie es am besten finden und nicht, wie jemand anderes es gerne hätte. Auf ungefragte, kritisierende Meinungen, sollten Sie gar nicht erst hören, sondern einfach nur Ihr Ding durchziehen, ganz egal, was andere Menschen von Ihnen denken könnten. Denn es ist Ihr Leben und nur Sie müssen mit Ihren Entscheidungen glücklich sein, niemand sonst.

Tipp, um sich von den Meinungen anderer zu befreien: Nicht auf die Meinung anderer zu hören, klingt zwar schön und gut, stellt sich in der Praxis jedoch sehr schwer an. Der erste Schritt, um sich davon frei zu machen, ist herauszufinden, aus welchem Grund Ihnen die Meinung anderer Menschen denn so wichtig ist. Das schaffen Sie ebenfalls, in dem Sie reflektieren und sich selber ganz viele Fragen stellen. Ist es zum Beispiel, weil Sie Ihre Eltern stolz machen wollen oder liegt es daran, dass Sie Angst haben, nicht gemocht zu werden? Je mehr Fragen sie sich selber stellen, desto klarer wird Ihr Ergebnis letztendlich sein.

Beginnen Sie im nächsten Schritt damit, an der herausgefundenen Ursache zu arbeiten. Je nach Ursache sieht das dann natürlich anders aus.

Nach und nach können Sie anschließend damit beginnen, Ihre Meinung durchzusetzen. Wenn Ihnen beispielsweise die Meinung Ihres Partners sehr wichtig ist und Sie alles dafür tun, um dieser Meinung gerecht zu werden, könnten Sie damit anfangen, auch mal etwas zu kochen, was Ihrem Partner nicht schmeckt, Sie aber lieben und somit ihre Meinung durchzusetzen. Arbeiten sie sich langsam, aber sicher voran, bis Sie in der Lage sind, sich von fremden Meinungen zu befreien und das zu tun, was Sie wirklich tun möchten. Denn nur so werden Sie Ihre persönlichen finanziellen Ziele erreichen.

SIE VERDIENEN ES, FINANZIELL INTELLIGENT ZU HANDELN

Das größte Hindernis beim Aufbau von finanzieller Intelligenz und von finanziellem Erfolg, ist man meistens selbst. Man erfindet unzählige Ausreden dafür, weshalb etwas nicht so funktioniert, wie man es gerne hätte und wieso man bestimmte Ziele nicht erreichen kann. Immer findet man irgendwelche Gründe dafür, wieso man keinen finanziellen Erfolg im Leben hat und sucht die Schuld sehr gerne bei irgendwelchen Umständen oder sogar bei anderen Leuten.

Doch die Wahrheit ist, dass man meistens selbst die Schuld für diesen Misserfolg trägt, weil man sich lieber irgendwelche Ausreden sucht, anstatt sein Leben endlich mal in die Hand zu nehmen und zu handeln. Einige haben Angst davor, zu versagen und andere haben sogar Angst davor, erfolgreich zu werden. Das klingt erst mal unfassbar unlogisch, ist aber wahr. Denn das Thema Geld ist nach wie vor bei vielen Menschen mit Scham behaftet und so schämen diese Menschen sich auch, wenn sie mal finanziell erfolgreich sind. Gehören auch Sie zu diesen Menschen? Dann wird es höchste Zeit, diese Scham abzulegen. Denn Sie verdienen es, finanziell intelligent und erfolgreich zu sein.

Wenn Sie sich ständig für Ihr Geld schämen, werden Sie es auch nicht verdienen. Das Wort „verdienen" ist übrigens ein gutes Stichwort. Denn auch der negative Glaubenssatz, wir müssten uns unser Geld verdienen, sitzt sehr tief und ist vollkommen falsch.

Sie müssen nicht Ihr Leben lang hart arbeiten, um es wert zu werden, ein Vermögen zu besitzen. Sie müssen Ihr Geld nicht durch schwere Arbeit verdienen. Sie verdienen es auch einfach so und müssen Ihren Erfolg nicht an irgendwelche bewundernswerten Leistungen knüpfen.

Ihren finanziellen Erfolg dürfen Sie auch feiern, wenn Ihre Einnahmen passiv sind und Sie viel weniger dafür tun müssen, um sich Ihr Leben finanzieren zu können als andere Menschen. Freuen Sie sich doch lieber über Ihren finanziellen Erfolg, anstatt sich dafür zu schämen. Denn das Geld verdienen ist kein Wettbewerb darum, wer am härtesten dafür arbeitet. Geld dient lediglich dem Zweck, Sie über Wasser zu halten und Ihr Leben zu vereinfachen. Was nützt es also, damit anzugeben, dass Sie so hart arbeiten, wenn Sie gar keine Zeit haben, um das verdiente Geld auch wieder auszugeben. Sie wollen sich Ihr Leben durch die finanzielle Intelligenz ja schließlich vereinfachen und nicht erschweren.

Also verdienen Sie Ihr Geld mit Stolz und schämen Sie sich nicht für Ihren finanziellen Erfolg. Denn nur so werden Sie immer erfolgreicher und glücklicher werden können.

Legen Sie sofort los und zeigen Sie Ihre Stärken!

Sie kennen nun alle wichtigen Schritte und Tipps, die Sie dafür benötigen, um finanzielle Intelligenz aufzubauen. Also zögern Sie nicht länger und legen Sie los! Setzen Sie das gelernte in die Tat um und verfolgen Sie langsam, aber sicher Ihren persönlichen, erstellen Plan. Je früher Sie damit anfangen, desto schneller werden Sie finanziell intelligent sein und erste Erfolge erzielen können, die Sie wiederum dazu motivieren werden, weiter zu machen und sich letztendlich vielleicht sogar ein Vermögen aufzubauen.

Worauf warten Sie also noch? Beginnen Sie nun damit, die ersten Schritte in die Tat umzusetzen. Anfangs wird es gar nicht so leicht sein, mit diesem neuen Plan zu starten und sich dadurch in ein Gebiet zu begeben, mit dem Sie sich bisher wahrscheinlich noch nicht so gut auskennen. Mit der Zeit werden Sie jedoch merken, dass Ihnen die Arbeit an Ihrer finanziellen Intelligenz immer leichter fallen und sich auf alle Fälle auszahlen wird.

Fokussieren Sie sich stets auf Ihre Stärken und schenken Sie Ihren Schwächen eine nicht allzu große Beachtung. Denn je mehr Sie Ihre Stärken fördern, desto leichter wird es Ihnen fallen, finanziellen Erfolg zu erzielen und desto schneller wird dieser Erfolg auch eintreten.

Wir hoffen natürlich, dass wir Ihnen mit diesem Ratgeber alles an die Hand gegeben haben, was Sie auf Ihrem Weg brauchen werden und was Ihnen eine große Hilfe darstellen wird. Bedenken Sie, dass jeder Weg individuell ist und dass Sie sich nicht an alle unsere Übungen und Tipps halten müssen. Finden Sie heraus, was für Sie am besten funktioniert und vor allem, in welcher Reihenfolge.

Glauben Sie immer an sich selbst und lassen Sie sich von Fehlschlägen nicht unterkriegen. Denn auch diese gehören zum Leben dazu und wir können immer etwas aus ihnen lernen. Bleiben Sie stark und vertrauen Sie darauf, dass Sie finanziellen Erfolg haben werden. Denn neben der Umsetzung der ganzen Schritte und Tipps, ist der Glaube an sich selbst das aller Wichtigste.

Wir wünschen Ihnen gutes Gelingen beim Umsetzen Ihres Plans und dem Aufbau von finanzieller Intelligenz und finanziellem Erfolg!

Quellenverzeichnis

http://www.finanzielle-intelligenz.com/leistungen/index.html
https://www.focus.de/finanzen/experten/fiunanzielle-intelligenz-3-dinge-die-sie-in-der-schule-ueber-geld-haetten-lernen-sollen id 8052797.html
https://www.faz.net/aktuell/karriere-hochschule/wie-wichtig-ist-geld-11372304.html
https://www.faz.net/aktuell/karriere-hochschule/wie-wichtig-ist-geld-11372304-p2.html
https://www.faz.net/aktuell/karriere-hochschule/wie-wichtig-ist-geld-11372304-p3.html
https://www.faz.net/aktuell/karriere-hochschule/wie-wichtig-ist-geld-11372304-p4.html
https://www.gkmotivates.com/maslowsche-beduerfnispyramide/
https://www.wiwo.de/finanzen/geldanlage/richtig-investieren-wohin-mit-dem-geld/10818882.html
https://www.focus.de/finanzen/boerse/tipps-zum-investieren-geld-anlegen-die-vier-besten-wege-1000-euro-sinnvoll-zu-investieren id 11178582.html
https://de.wikihow.com/Kleine-Geldmengen-intelligent-investieren
https://www.faz.net/aktuell/finanzen/meine-finanzen/sparen-und-geld-anlegen/wie-spart-man-richtig-mit-diesen-tipps-wird-sparen-einfach-15035646.html
https://www.faz.net/aktuell/finanzen/meine-finanzen/sparen-und-geld-anlegen/wie-spart-man-richtig-mit-diesen-tipps-wird-sparen-einfach-15035646-p2.html
https://www.smarticular.net/einfache-geldspar-tipps-anfaenger/
http://www.diesparratgeber.de/sparmagazin/sparen-ratgeber/Wie kann ich Geld sparen Tipps Tricks 5/
https://www.finanzielle-intelligenz.at/was-ist-finanzielle-intelligenz/
https://www.focus.de/finanzen/praxistipps/acht-tipps-bargeld-apps-kredite-wie-sie-die-schuldenfalle-vermeiden id 7830131.html
https://selbst-schuld.com/finanzielle freiheit/
https://zeitzuleben.de/selbst-unter-druck-trick/
https://www.psychotipps.com/offen-sein-fuer-das-neue.html

Weitere Informationen über "William Lakefield" finden Sie auf seiner Autorenseite bei Amazon.

https://www.amazon.de/William-Lakefield/e/B07W78HTYZ?ref_=dbs_p_pbk_r00_abau_000000

Impressum

Vertreten durch: William Lakefield
Herausgeber: Stefan Mähleke
Independently published | ISBN: 9798695402704
Kontakt: Stefan Mähleke / Osterstraße 5 / 30890 Barsinghausen
Coverfoto: Shutterstock

Haftungsausschluss:
Die Nutzung dieses E-Books und die Umsetzung der enthaltenen Informationen, Anleitungen und Strategien erfolgt auf eigenes Risiko. Der Autor kann für etwaige Schäden jeglicher Art aus keinem Rechtsgrund eine Haftung übernehmen. Haftungsansprüche gegen den Autor für Schäden materieller oder ideeller Art, die durch die Nutzung oder Nichtnutzung der Informationen bzw. durch die Nutzung fehlerhafter und/oder unvollständiger Informationen verursacht wurden, sind grundsätzlich ausgeschlossen. Rechts- und Schadenersatzansprüche sind daher ausgeschlossen. Dieses Werk wurde sorgfältig erarbeitet und niedergeschrieben. Der Autor übernimmt jedoch keinerlei Gewähr für die Aktualität, Vollständigkeit und Qualität der Informationen. Druckfehler und Falschinformationen können nicht vollständig ausgeschlossen werden. Es kann keine juristische Verantwortung sowie Haftung in irgendeiner Form für fehlerhafte Angaben vom Autor übernommen werden.

Auch die hier besprochenen Ideen, Meinungen, Kommentare und Texte zu Strategien, Aktien und anderen Produkten und Themen in diesem Buch, stellen keine Anlageberatung dar und sind daher auch keine Empfehlung zum Kauf bzw. zum Verkauf eines Wertpapiers, eines Terminkontraktes oder eines sonstigen Finanzinstrumentes. Die Wertentwicklung der Vergangenheit bietet keine Gewähr für künftige Ergebnisse. Die bereitgestellten Analysen, Vorschläge, Ideen, Meinungen, Kommentare und Texte sind ausschließlich zur Information bestimmt und können ein individuelles Beratungsgespräch nicht ersetzen. Alle Informationen dieses Buches entsprechen dem Kenntnisstand zum Zeitpunkt des Verfassens dieses Buches. Eine Haftung für mittelbare und unmittelbare Folgen aus den Informationen dieses Buches ist somit ausgeschlossen.
Informieren Sie sich weitläufig aus unterschiedlichen Quellen und bedenken Sie, dass am Ende nur Sie für die Kauf- oder Verkaufsentscheidung verantwortlich sind.

Printed in Poland
by Amazon Fulfillment
Poland Sp. z o.o., Wrocław

69640299R00054